こどもの夢中夢中夢中を推したい

小中学生の
遊び・学び・未来を考える
7つの対談集

佐藤ねじ

freee出版

PART 3

夢中のこどもに聞いてみた（対話集）

校正　松井亜衣
装丁・デザイン　岡本健、山中港（岡本健デザイン事務所）

PART 1

こどもの夢中を推してきた話

（佐藤ねじ）

２０１９年５月、僕がnoteに投稿した「小１起業家[※1]～９００円借金して、コーヒー屋を家庭内起業～」が話題になりました。この記事が、この本が生まれる最初のきっかけになりました。

「小１起業家」というのは、当時小１だった長男が、おこづかいを増やしてポケモンカードを買うために、家庭内起業するというプロジェクトでした。その後も毎年１回、長男といろんな遊び・学びをやってきました。そして僕が子ども自身の「こうしたい」を手助けするかたちで関わるうちに、「こどもの夢中」について考えるようになりました。でも、僕は教育の専門家ではないし、僕の話はあくまでひとつの事例、n＝１[※2]に過ぎないので、教育についてあれこれ語れるわけではありません。ならば、親当事者である僕のn＝１から導き出した仮説や疑問を携えて、いろんな人と対話してみたらどうだろう？　そう考えてできたのが、この本です。

この本は３つのパートにわかれています。

ＰＡＲＴ１では、僕の家庭内での試みと、子どもとの関わりの中で発見した〝仮説〟を提示します。その仮説を携えて、ＰＡＲＴ２では子どもの「夢中」について考えている人と、ＰＡＲＴ３では「夢中」になった子どもたち、「夢中」を掘り下

※1　２０１９年５月６日にnoteに投稿した「小１起業家～９００円借金して、コーヒー屋を家庭内起業～」のこと。１万以上の「スキ」がついて話題になった。https://note.com/sato_nezi/n/n7b911aadd691

※2　マーケティングにおけるリサーチの手法。nは対象となる顧客数を、n＝１はひとりにフォーカスした抽出データを指す。ここでは「サンプル数はひとつだけ」の意。

げていった子どもの親御さんと対話をしていきます。

この本にはわかりやすいマニュアルやハウツーは実装していませんが、何かしらのヒントだったり、子どもとの暮らしの中で考えを深めていくきっかけだったり、読んだ方が持ち帰れるものを込めようと思ってつくりました。

1：子どもの夢中を推したい

結局、いま親は子どもに何ができるのか

僕の家には、小6の長男と4歳の次男がいます（2023年4月現在）。長男が小学校に上がってから、教育について考えることも増えました。小3になると、中学受験をどうするか、わが家でも考えるようになりました。特に東京は約2割が私立中に進学します（都心では約5割が私立へ進学する区もある）。長男とも、中学受験をするかしないか話し合いをしました。小4のときに半年ほど受験のための塾

に通ってみましたが、長男はやりたいことがたくさんあったため、小学校の残り3年間を受験勉強に費やすより、今やりたいこと・熱中していることを優先しようという結論になり、中学校は近くの公立中へ行くことにしました。

受験ひとつとってもそうですが、今は選択肢が多すぎるからこそ、子どもにとって何がベターなのかよくわからない。学校の勉強もあるし、日本の未来を考えると英語ができたほうがいいかもしれない。プログラミング学習も大事そうだけど、最近のChat GPT[※3]などAIの進化を考えると、もっと違う能力がいるのかも。でも基本は体力が重要なので、やっぱりスポーツもやったほうがいいよね……と、あれこれ考えて、教育迷子になってしまいそうです。少子高齢化・震災・気候変動など不安要素いっぱいの日本で、子どもが楽しく生きて行くために、親が今できることは何か。すごく難しい問題です。

なぜ「夢中」を推したいのか

この本には『こどもの夢中を推したい』というタイトルをつけました。親ができることは何かという問いに対して、ふたりの子どもと暮らす中で一番強く感じてい

※3　2022年に公開されたAIチャットサービス。高度なAI技術が使われており、インターネット上にある過去の情報を学習しているため、人間のような自然な会話ができる。

るのは、「何を学ぶにしろ、経験するにしろ、こどもの夢中が重要」ということです。夢中になれば、子どもはものすごい勢いで吸収していきます。たとえば、プログラミングで遊んでいたことがきっかけで、長男は数学の「サイン・コサイン」にハマったことがありました。なぜそんなものに……という感じですが、これを無理やり「サイン・コサインを勉強しなさい」と言っても吸収率は一気に低下するでしょう。

面白い遊びと、つまらない勉強が存在するのではなく、夢中になれば何でも面白い。夢中になることで遊び、結果的に学ぶ。それがゲームであろうと、数学であろうと、ニッチな趣味であろうと。僕は「何かにギュッとハマる経験をすることが、とっても大事なのではないか？」と考えるようになりました。

親として僕ができることは、夢中と出会える環境づくりを考えること。そして子どもたちがハマったときは阻害せず、どんどん伸ばすお手伝いをすること。そこがポイントかもしれないという感触もあります。とはいえ、あくまで僕の体感ベースの話ではっきりした根拠や裏付けがあるわけではありません。夢中を推したいという親の〝願い〟を、子どもをサポートするチカラに変えるために何ができるのか、この本で考えていきたいと思っています。

ずっと夢中でいられるものが仕事になると楽しい

僕の職業は、プランナーとデザイナーです。たまにクリエイティブディレクターと言ったりもします。企業やブランドの商品企画をしたり、その商品を世に届けるためのPRプランを考えたりしています。また、仕事以外に作品をつくることもあります。「小1起業家」も、作品の一環として出したものでした。

仕事を始めて15年以上経ちますが、これだけやっていると、デザインをしていて面倒だと感じることも出てきます。デザインは好きですが、60歳を超えてもずっとやっていたいかと問われると、わからない。でもアイデアを考えることは全く平気です。もっとたくさんアイデアを考えたいし、仕事を引退してもアイデア出しはずっとしていたい。80歳になっても何か考えるタスクがあったら、嬉しいなとさえ思います。

子どもの頃からイラストや漫画を描くのが好きで、美大でもデザイナーを目指し、デザインが自分の天職だと思っていました。でもそれよりも「考えること」にハマっている期間が長くて、プランナーのほうが一番の天職だったのです。こうやって、ずっとハマっていられるものがあるのは、嬉しいことです。仕事をする上でも、楽しいことが多くなります。楽しいから学ぼうとするし、学ぶからもっと仕事は良くなると感じています。

子どもも同じで、いろんなハマるものを見つけること、好奇心や興味のきっかけを増やすことは、とても大事なことなのではないでしょうか。勉強でなくても、ゲームでも工作でも、よくわからない趣味でもいいから、子ども時代に何かひとつのことにギュッと集中してハマる経験は、最も尊く、最も重要なことではないかと思っています。

「勘違い」が夢中をブーストさせる

ときに「勘違い」も夢中にはプラスに働くかもしれないと、僕の経験から感じています。僕は昔から「アイデアを出すことが得意」と自信満々に思いこんでいましたが、今考えると全然大したことはありません。若いときに、すごい企画者とたくさん出会っていたら、自信を失っていたでしょう。昔の恥ずかしい作品はたくさんあります。でもたまたま「できる」と勘違いしたまま生きてきたら、だんだん本当に得意になってきて、それが仕事になりました。行動し続ければ誰だってうまくなる可能性は大いにあって、行動し続けるために「自分はできるんだ！」と勘違いすることは大切な気がしています。

小6の長男と、4歳の次男

ちなみに小6の長男は、小さいときからひとつのことに集中するタイプでした。幼い頃はペーパークラフトを大量につくり続けたり、魚の絵に夢中になったり。あとは、生き物や宇宙といった理科的なものが好き。Eテレの影響と、おもちゃ作家である妻の影響も大きいかもしれません。4歳の次男は、あまり理系なものにはハマらず、アニメやYouTubeが大好きな、物語に共感するタイプ。きょうだいでもまったく違います。

2：夢中になった小1起業家

100円で開催した「おこづかい講座」

小学校に上がった長男はポケモンカードゲームにハマっていました。当時のおこづかいは月に100円。でも、ポケカは強化拡張パックで150円する。おこづかいだけではとうてい足りません。どうしたらおこづかい以外で稼げるか悩んでいたので、僕が100円で「おこづかい講座」を開くことを提案しました。当時の息子にとっては、100円はじゅうぶん大金。それを払ってまで受けるかどうかとても悩んでいましたが、受講することになりました。

講座は、僕の仕事場の会議室を使って開催。講座の内容はこんな感じです。

- お金や時間の使い方は1つではない。「投資」「消費」「浪費」の3つがある

●この講座のために、１００円払うことはドキドキしたと思う。こういうのを、投資と呼ぶ

●フィーを得るためには、いろんな方法がある。小１がおこづかい以外に父ちゃんたちから、お金をもらうには「ターゲット（父母）の困りごと」を解決してあげればいい

●そのために、父ちゃんや母ちゃんを観察したり、直接聞いてみたりするといい。どこにビジネスチャンスがあるか、アンテナを張るといい

●今日は特別に、一緒に父ちゃん母ちゃんを対象にしたビジネスを考えてみよう

実際に、僕と妻を対象にしたビジネスを考えていきます。

●発想法としては「ターゲットの困りごと」×「小１ができること」の組み合わせ

①小1だから持っている情報 ↓ 「おもちゃづくりのアドバイス、小学校で流行っている情報」

②父ちゃんたちがお金を出して得ているもので、小1にもできそうなこと ↓ 「マッサージ屋、カフェ」

③父ちゃんたちが困っていること ↓ 「オムツ替え、ゴミ捨て、家事」

●①は、確かに嬉しい情報だけど、お金を払うかは微妙なライン

●③も完全に任せられたら、フィーを出してもいいけど難しそう

●②は、ちゃんとおいしいコーヒーをハンドドリップで淹れてくれるなら、払ってもいいかな。マッサージも、ちゃんと体が回復するレベルなら払ってもいい

結果、息子は「よし、マッサージとカフェをやる!」と言って、マッサージ屋とコーヒー屋を家で起業することになりました。

「小1起業家～900円借金して、コーヒー屋を家庭内起業～」

最初は、コーヒー豆の仕入れです。しかし、ターゲット（父母）が欲する豆は100g・750円と非常に高価だと知って、長男は驚愕。そこでお年玉貯金から1000円を使い、さらに父ちゃんから900円を借り入れすることに。長男はめちゃくちゃビビっていました。豆は、ブルーボトルコーヒー[※4]で買うことに。青山のお店に並んで、ドキドキしながら豆を購入。

ちょっといい豆で、200g・1900円!

そして、コーヒーは何杯をいくらで売ったら利益になるかを一緒に計算して、「事業計画」をつくりました。

- コーヒー豆：1900円（200g）
- 1杯18gだとして、11杯つくれる
- 1杯200円で販売
- 11杯×200円＝2200円－1900円
- 全部コーヒーが売れたら、300円の利益に

※4 アメリカのオークランドに本社があるコーヒー店。2000年前後からアメリカではじまったコーヒーブーム「サードウェーブコーヒー」の代表格で、2015年に日本上陸。

結果的に1杯200円で販売することになりました。

また、ちゃんとしたハンドドリップで淹れてもらうために、コーヒーの勉強会も開催。うちに豆を挽くミルなどの道具はあったので、それらの使い方と工程をレクチャーしました。

店の名前は小学生らしく「スーパードラゴンカフェ」とか「サンダーカフェ」とか、そういうのを期待したんですが、意外にも「ブレンドコーヒー」という店名に。豆は、ブルーボトルの「シングルオリジン」の豆を扱っているのに、店名はブレンドコーヒー。ややこしい……。

コーヒーは「パワーコーヒー」という名前で200円。それだけでなく、はっさくジュース200円、みず0円、おゆ0円、あまなつみかんジュース200円もラインナップ。さらに、つまみが欲しいというターゲットのニーズを取り入れ、うまい棒やきなこ棒とコーヒーのセットメニューも考案していました。うまい棒ときなこ棒は僕が持っていたものを1本10円で買い取り、20円で売ります。肝心のコーヒーも、どんどん腕を上げてふつうにお店で飲む味になっていました。

豆をこぼしてしまったり、淹れるのに失敗したりはありつつも、少しずつ借金を返済して最終的に黒字化して１０００円ほどの利益を出すまでに。僕たち夫婦の友人が来ると、ビジネスチャンスだと気づいたのかコーヒー屋を開いてさらに稼ぐこともありました。そんな感じで小1から小2の半年ほど、家庭内コーヒー屋を開いていたのでした。

家庭内起業をやるときのポイント

長男がコーヒー屋をやるとき、僕たちは「いらないけど、子どもがやることだから買ってあげよう」ということはせずに、あくまで欲しいときしか買いませんでした。親子ではなく、コーヒー屋と客の関係です。この子ども扱いしないシビアさがあったことで、コーヒー屋ごっこ遊びで終わらず子どもが本気になったのだと、振り返って思います。お手伝いと家庭内起業の違いは、このシビアさにあるのかもしれません。

子どもがビジネスをやって得たもの

こちらの本気に対して、長男にもちゃんとしたコーヒーを淹れてお客さんを喜ばせたいという使命感が生まれていました。ブルーボトルコーヒーの豆が終わったら、今度は近所のサザコーヒー[※5]で徳川慶喜《よしのぶ》が飲んでいたという「将軍珈琲」を仕入れていました。さらに休日、家族で自家焙煎珈琲店に足を運び、いろんな豆があることを初めて知って「世界中のコーヒー豆を集めたい！」と言い始めたことも。最初はポケカを買うことが目標だったのに、いつの間にかお金を稼ぐ面白さや、コーヒーを淹れて喜ばれる嬉しさ、世界中のコーヒー豆を仕入れてもっとお店を盛り上げたい、と変化していったのはとても興味深かったです。本人にとっては、新しい遊びを見つけた感覚だったのでしょう。しばらくすると、また興味が他に移って、コーヒー屋は自然とフェイドアウトしていきました。

「小5起業家 ～レタスハザード～」

小1でコーヒー屋を家庭内起業した長男は、その後違うことをしばらくやって（詳しくは21ページ以降に譲ります）、5年生になってまた家庭内起業を始めました。今度はサブスクでサラダを売るビジネスです。週1回、長男が育てた採れたてのレタスをベースに、夕食のサラダを作ってくれるサービス、その名も「レタスハザー

※5　茨城県ひたちなか市に本社があるコーヒーを扱う会社。茨城県、埼玉県、都内に店舗を展開している。

ド」です。

まず、長男はうちの家庭菜園から鉢をひとつ借りて、レタスを育てるところから始めました。スーパーやコンビニを歩き回ってサラダにはいろんな種類があることを学びましたが、いろんな野菜を育てるのは大変。そこで珍しいドレッシングをいろいろ買って、特徴を出すことにしました。マツコ・デラックスさんの番組で特集されていたドレッシングのランキングを発見し、どこで売っているかを調べ、日曜にいろんなお店にドレッシング探しに行きます。そうすると、「成城石井というお店があるらしい」「上位のドレッシングはライフ（スーパーマーケット）のものが多い」とか、だんだんドレッシング界隈にくわしくなっていきました。ビジネスを始めたときは、ロゴづくりとかデザイン系にハマるかなと思っていたので、ドレッシングに夢中になるのは予想外でした。実際、人気のドレッシングはどれも最高においしく、新作サラダのたびに新しいドレッシングが出てくるので、すごく楽しかったです。僕のイチオシは「北海道タマネギドレッシング」です。

また、長男は食に興味がなかったのですが、自分でつくるようになり、料理や食事が前より好きになりました。妻は料理も食べることも好きなので、長男が料理に興味を持つことで、ふたりとも嬉しそうにしています。その意味でも、今回の家庭内起業も、win-winでした。

長男はスマホを持って、ある程度ひとりで行動できる年齢になったので、自分で調べて「知らない業務用スーパーがあるから行ってくる」と、ひとりで買いに行くこともありました。結果、レタスハザードは3か月ほど夢中でやっていました。

3：夢中をブーストするためにやったこと

小1のコーヒー屋と、小5のサラダ屋の間にも、いくつか長男が夢中になるものがありました。なるべくその夢中をブーストしたいと思い、いくつかのことを試みました。これもあくまで僕と長男のケースに過ぎません。僕の仮説が生まれた〝現場〟を紹介します。

【小2】アイデア出しのお題を公募する

僕自身が企画の仕事をしている影響もあってか、長男もアイデア出しが大好き。そこで、車で移動しているときの暇つぶしで、親子でブレスト[※6]するようになりました。お題は「これまでにない博物館」とか、「車にあるといいアイテム」とか、何でもOK。ネットで公募できるbosyu（現在は閉鎖）というサービスを使って、「小2がアイデア出しします」[※7]と呼び掛けてお題を集めたこともあります。「おいしいバナナの食べ方」「子ども視点の新しい本屋のアイデアを考えてみて欲しいです！」など、誰かからお題をもらえると張り切って考えていました。

【小3】タイピングは教える

子どもの夢中に、うちの場合はiPadがすごく効果的でした。コロナ禍のステイホーム中に、iPadのタイピングゲームやネット検索を教えました。すると、ちょうどハマっていた「あつまれ どうぶつの森」[※8]で金の斧を入手する方法を自分で調べるようになりました。

ただしタイピングに関しては、本人がハマって自発的にやっていたわけではなく、

※6 ブレーンストーミングの略。アメリカの実業家、アレックス・F・オズボーンが考案した会議方式で、集団発想法とも言われる。集団でなるべく自由にたくさんアイデアを出しあうことで、発想をふくらませていく。

※7 「小2のアイデア出し ～bosyuでお題を募集してブレスト100本ノック～」https://note.com/sato_nezi/n/na439cecc76d1

※8 任天堂から2020年にリリースされたNintendo Switch用ゲームソフト。金の斧はレアアイテムとされている。

僕が意識的に教えました。タイピングができると、自分で何かを調べたり書いたり、いろいろできることが増えます。夢中を生み出すきっかけとして、デジタルはとても重要だと考えていたので、タイピングだけはアプリのゲームなどを使って、ちょっとがんばって教えました。ハサミを覚えると工作が好きになったり、ボールが蹴られるようになるとサッカーにハマったり。夢中をブーストするために、こういうちょっとした「基礎習得」をすることはコツといえるかもしれません。

【小3】ググる力を身につけさせる

検索すれば欲しい情報にたどり着ける今の時代、自力で質の高い情報を検索できる力はとても重要ではないかと思っています。これも調べ方を教える段階を丁寧にやることで、あとは長男が自分で検索できるようになりました。ゲームにハマったときその攻略法を自分でググったり、地理で出てきた地名を検索して九州の阿蘇山《あそさん》や球磨川《くまがわ》のことを知ったり。サッカーのシュートのコツをYouTubeで見たり、ゲーム実況で「マインクラフト」[※9]や「フォートナイト」[※10]のスキルを学んだり。アイデアを思いついて、その参考のための画像を検索する……。ググる力を身につけたこと

※9　2011年に正式リリースされたサンドボックスゲームで、世界でもっとも売れたゲームでもある。サンドボックスとは砂場、砂箱の意味で、オープンワールドと呼ばれるゲーム内の仮想世界で自由に探索しながらプレイできるのが特徴。

※10　2017年に公開されたバトルロイヤル型のオンラインゲーム。Nintendo Switchでリリースされてから小学生に広がり、根強い人気がある。

で、長男の夢中は加速度的に伸びていきました。もちろん子どもなので、検索の制限はかけつつも、うちはかなり自由にiPadを触らせるようにしました。

【小3】マインクラフトからプログラミングへ

子どもの想像力はすごく豊かですが、そのアイデアを具現化するための手段は、絵を描いたり工作したりするくらいでアウトプットが追いついていません。そこに現れたのがマインクラフト。建物がつくれて、動きのある仕掛けもつくれて、プログラミングもできる。マイクラは、長男のアイデアを具現化できる最高のツールとなりました。

Nintendo Switch※11（以下Switch）版から始めてみるみるハマっていく長男。いろんな関連本を買ってできることを学び、YouTubeでは世界の面白い作品を知る。特にいろんな仕掛けがつくれるレッドストーンが好きだったようです。家族の誕生日に、マイクラでつくった作品でお祝いしてくれることも。そして、夢中はマイクラのプログラミングに向かうようになります。マイクラには自分でプログラムを組んで、より自由にマイクラの世界を楽しめるバージョンがあります。ここまでくるとSwitchでは入力が大変すぎるので、ＰＣ版マイクラが登場します。

※11　任天堂が開発して2017年にリリースした家庭用ゲーム機。家庭用据置型ゲーム機ながら、どこへでも持ち出せる点が画期的だった。

ここから長男は、MacBookをさわるようになりました。PCでプログラミングのエディターにも手を出し、ますますたくさんのマイクラ作品をつくるようになりました。小3から小4にかけてのことです。

もうひとつ、他の多くの小学生と同じようにフォートナイトにもハマっていました。フォートナイトがいいのは、オンライン上で友だちと一緒にプレイできるところ。フォートナイトの世界が公園のようになっていました。

【小4】「事例」と「締め切り」を与える

マイクラからプログラミングの世界に足を踏み入れた長男は、小4でプログラミングに大きくハマっていきます。ハマった条件は3つ。まず、もともとiPadとタイピングに慣れていたというベースがあったこと。2つ目は、たくさんの楽しい事例（リファレンス）を見せてあげたことです。ちょうど、僕が仕事で関わっていたプログラミングアプリ「toio Do」[※12]のコンテストにキッズ審査員として長男が参加することに。出品された作品は、ロボット、ゲーム、メディアアートと幅広く「こんな表現がプログラミングでできるんだ！」と大きな刺激をうけ、想像力の幅が大きく広

※12　ソニー・インタラクティブエンタテインメントが開発した、好きなものを取り付けて遊べるキューブ型のロボットトイ。工作やプログラミングで拡張できる。toio Doはロボットプログラミングアプリ。

がりました。そのことで、「自分ならこんなゲームをつくりたい！」とモチベーションが一気に開花。どうしたって子どもの知識量は少ないです。知識が少なければ発想や想像もそこまでふくらまない。リファレンスを知るパートは子どもひとりでやるには限界があるので、大人がぜひサポートしてあげたいところだと考えています。

そして、３つ目は、「締め切り」。モチベーションは開花したものの、やりたいことは他にもあってなかなか実行に移せない日々が続きます。ちょうど toio Do のミニコンテストがあったのですすめてみたところ、スイッチが入りました。あんなに大好きだったゲームの時間を削って、この1か月は文字通りスポンジのようにものすごい勢いで吸収していました。if文[※13]、ループ処理、画面遷移、アニメ skip 処理、変数などいろんなことを勝手に学んでいきます。

恐らく教科書的にプログラミングの仕組みを基礎から教えられても、ハマらなかったでしょう。でも、さまざまな楽しい事例を見ることで強烈な「つくりたい欲求」が生まれ、ガンガンつくって勝手に学習していきました。興味がない状態で教えても、硬い石に水をかけているようなものかもしれません。興味が立ち上がって、子どもの脳がスポンジになったときこそ、学びを教える最大のチャンスと捉えています。

※13　プログラミング用語。

【小4】勉強ばっかしてないで、YouTubeを観なさい

動画ばかり観ていることを不安に思う親は多いかもしれません。でも本も動画もどっちも活用すればいい、と僕は考えています。だからうちの場合、勉強ばっかりしていたら、「もっとYouTubeも活用したら？」とアドバイスします。歴史を勉強するなら「中田敦彦のYouTube大学」※14は大筋の流れをつかむのにぴったり。相対性理論をいきなり本で読むよりヨビノリたくみさん※15の動画を見たほうが、興味の入り口にはいいかもしれません。もちろん子どもが本好きなら本で読めばいいのですが、動画もうまく活用したほうがいいのではないかと思っています。

【小5】LINEやSlackで距離感の違うコミュニケーションを

最近は子どもがスマホを持つようになったので、家族のやりとりにチャットが登場しました。

小学校4年生くらいから、それまでは親が言うことを素直に受け入れていたのが、だんだんそうでなくなってきて、直接言葉で言うと「ハイハイ」と流されることが増えました。でもLINEやSlack※16だと、不思議とけっこうふつうに会話できるもの。

※14　お笑い芸人オリエンタルラジオの中田敦彦が運営するYouTubeチャンネル。2019年に開設し、「学ぶって、楽しい。」をテーマに、さまざまなジャンルの書籍を紹介して人気を博す。

※15　YouTubeチャンネル「予備校のノリで学ぶ「大学の数学・物理」」を配信しているユーチューバー。

※16　2013年にリリースされたチームコミュニケーションツール。LINEのようにチャット形式でやりとりができ、主にビジネスシーンで使われることが多い。

今はいろんなツールがあるので、距離感に合わせて使い分けられるのはいいなと感じています。

仕事中に発見した面白い動画や記事をLINEでシェアするなど、僕が家にいないときもコミュニケーションが取れて、非常に助かっています。

【小5】PDCAを教える

小5になってPDCAなどの時間管理の講座をやりました。長男はやりたいことはたくさんあるのに、時間管理に慣れていないから1週間を無駄に過ごすこともありました。もちろん無駄に過ごすことも大事なんですが、「気づいたら1日が終わっていた」という状態が続くと、やりたいことが全然できなくなってしまいます。特にゲームはひきつける力がとても強いので、やりたかった他のことも全部ゲームの時間に溶かしがちです。僕はゲームも学びになると考えていますが、それでも子どもの自由時間が100％それだけになるのはもったいない。そこで、PDCAを切り口にして時間管理を教えました。PDCAはPlan（計画）、Do（実行）、Check（評価）、Action（改善）の頭文字をとったもので、この4つのプロセスをサイクルとして回していくことで、生産性を上げたり改善を進めたりするという技法です。これはけっこう定着していて、長男は1日の終わりにPDCAのC（Check）、振り返りの時間をつくっています。

【小5】Googleカレンダーで時間管理

PDCAの次は、時間管理、タスク管理を教えました。Googleカレンダーに1週間の予定を入れていくなど、タスク管理の概念を説明します。「ゲームは何時間まで」と決めるのではなく、「君には他にもやりたいことがあるから、それをGoogleカレンダーに入れてみてごらん。1週間の予定を決めれば、それは全部実現できるよ」という話をしました。これは非常に効果があり、結果的に子どもはゲーム以外の時間を生み出せるようになりました。

やり方は簡単。Googleカレンダーを1週間のバーチカルタイプにして、「やりたいこと」「勉強タスク」「その他タスク」の3つに色分けしてスケジュールを書き込みます。また過去のカレンダーは、自分が実際に行動したスケジュールに変えて、どういう時間を過ごしたのかが一目でわかるようにもしています。いわば日記です。

実際の行動記録は客観的な指標になるので、「ゲームばっかりしてないで勉強しなさい!」「うるさいな! してるよ!」とケンカすることなく、子どもの時間の使い方について楽しく、客観的に話すことができます。

うちの子に限らず、多くの子どもはiPadなど光るデバイスを好む傾向があります。伝えるのが難しい時間管理の話こそ、iPadなど子どもが好むデバイスを使って教えてあげるのが効果的ではないでしょうか。実際、長男はGoogleカレンダーを使うようになってからは、時間を有効活用し、より夢中を加速させるようになりました。

【小5】日曜の定例会議

2022年から始めたのが長男との定例会議です。毎週日曜日の午前中に、外に行って1時間ほど長男とミーティングします。平日は僕の帰りが夜遅くなることも多くて、密なコミュニケーションを取れる時間がないことから始めました。これは小6になった今も続いています。

ミーティングを始めたのは、ちょうど長男の興味が高度になって、やることが増えてきたタイミングでした。家では深い会話がしづらいので、カフェやファミレスでやっています。この「場所を変えて話す」ことがポイントではないかと、僕は感じています。

会議のアジェンダ[※17]はさまざま。「今年5年生になるけど、どうする?」「最近ハマってること」「数学の面白い話」「ビジネスモデルについて」「林間学校で気づいた山の景色について」「プログラミングの参考コード探し」「学校の話」など。僕が何かのジャンルを教えることもあれば、子どもに教えてもらうこともあります。

また、このミーティングは、1週間の振り返りの時間にもなっています。子どもが今週やったことを、Googleカレンダーを見ながら聞いて、うまくいったこと、できなかったことをふたりで客観的に考えたりします。「今やりたいマイクラ制作は週に4時間しか取れてないけど、この夜の時間を圧縮すれば、もっとできるのでは?」とか、サッカーのトラップがうまくできない課題に対して、「このYouTubeの動画を参考にしたら?」とか、いわばコンサルのようなことをしています。勉強に関しても遊びのように扱います。「分数の割り算」の話になったら、問題集を検索して、その場でどっちが早く解けるか勝負したり。この定例会議から、たくさん

※17 英語で「予定表」の意味。会議では議題や会議資料の意味で使われる。

子どものハマるものが生まれていきました。

【小5】夏休み会社見学

夏休みは、平日に子どもが動ける貴重なタイミング。そこで小5の夏休みは、子どもと友人の会社見学に行きました。訪問したのは3か所で、まずは機構系のエンジニアリングからソフトウェアまでつくる株式会社siroへ。工学部出身で美大卒というエンジニアの松山真也さんが経営する会社です。アトリエにはいろんな実験作品が置かれていてとても刺激的。長男は「Scratch[※18]以外にどんなプログラミングがおすすめですか?」という質問をあらかじめ用意して訪問しました。そして、視覚的な表現をつくりやすい「Processing」を教えてもらいました。子どもにとって初めてのテキストコーディングでしたが、この夏にハマり、いろんな作品をつくっていました。2か所目は、「あはれ!名作くん」でおなじみのアニメ監督の新海岳人さん。監督とはどんな仕事で、アニメや脚本をどんなふうにつくっているか、ワークショップ形式で教えてもらいました。3か所目は、THE GUILDの奥田透也さんです。「デザインあ」[※19]展で作品を手掛けるなどしているインタラクションデザイナー、

※18　小中学生向けの、初心者でも楽しめる無料教育プログラミング言語、コミュニティサイト。プログラミングの入り口として利用する子どもが多い。

※19　NHK・Eテレの番組「デザインあ」を実際に見て体験できる展覧会。初めて開催された2013年は22万人を動員した。

プログラマーです。ここで長男は、ふわふわ浮く動きをプログラミングするのに必要な三角関数（サイン・コサイン）に初めて触れます。これがきっかけで、数学アニメーションが好きになりました。

これらの興味は、僕から教えることもできなくはないのですが、父親に言われるのと、会社という現場に行ってその道のプロに聞くのでは大違いでした。子どもの夢中のきっかけづくりに、特に思春期になってくると、会社見学はとても有効ではないかという手ごたえがありました。きっとどんな会社に行っても、子どもに刺激はあるはずです。６年生の夏休みもやりたいと思っています。

【小５】家族で旅行に行く

小４の頃から家族旅行を増やしました。行ったのは、佐久(長野)、福岡、熊本、鳥取、青森、十日町（新潟）などです。旅行は単に楽しいから行くのですが、同時に子どもの興味を広げる絶好のチャンスにもなると思います。たとえば学校の勉強で習う鳥取砂丘[※20]と、現地の景色を見るのでは雲泥の差があります。砂丘はフォートナイトやマイクラのようなゲームっぽい神秘さもあり、子どもにも刺さっていました。（急

※20　鳥取県鳥取市にある海岸砂丘。天然記念物、日本の地質百選。

にクロッキー帳を取り出してスケッチしていました）
さらに台湾旅行では、英語の興味が開花しました。僕は英語がしゃべれないので、英会話を少し習っていた長男に現地でのコミュニケーションを「よろしくね」と任せてみました。任されたことで責任感を持ったようで、張り切る長男。でも現地では全然しゃべれなくて、悔しい思いをしていました。次に行くときは、もっとしゃべれるようになりたいとモチベーションに火がついたようです。学校の英語テストでいい点を取ることより、「次に海外行くときに、しゃべりたい」みたいな目標があるほうが、楽しくていいなと思いました。

【小5】家族でマーベル〝推し活〟

2022年はアメリカのマーベル映画の当たり年で、5本の傑作が上映されました[※21]。もともとマーベル好きの僕が「めっちゃ面白い！」と騒いでいたら、長男も「1本観てみようかな」と興味を示しました。こういう瞬間は、僕はチャンスと捉えています。まず、マーベルの魅力を伝えるため、YouTubeの解説動画を一緒に観ました。その上で、最初の作品から1本ずつ観ていくことに。5月から8月の毎週土

※21 『スパイダーマン：ノー・ウェイ・ホーム』『モービウス』『ドクター・ストレンジ／マルチバース・オブ・マッドネス』『ソー：ラブ＆サンダー』『ブラックパンサー／ワカンダ・フォーエバー』の5本。

日の夜は、マーベル上映会でした。僕も全部は観ていなかったので、改めてマーベルの面白さに触れるいい機会になりました。妻もハマって家族であれこれ話ができるのもよかったです。子どもが楽しんでいたり、衝撃を受けていたりする姿を横で見られるのは、僕が初見で受けた感動を追体験している感覚もありました。シリーズものは長くシェアできるのがよくて、家族で盛り上がっているときはネットで見かけた関連情報を家族LINEに送り合って、さながら家族で〝推し活〟といった感じで楽しめたのもよかったです。

4：夢中のつくり方

このように子どもの夢中に向き合っているうちに、「こういうポイントを押さえると、子どもの夢中はつくれるのではないか」と気がつくことが増えてきました。もちろん「子どもによりけり」なのは大前提なので、あくまでn＝1から導かれた仮説にすぎませんが、以下にまとめてみます。

① いろんな刺激をぶつけてみる

●役割を与える

「親に教えられる子ども」という役割以外の役割をつくってあげることで、あれしたいこれしたいと自発的に行動するようになり、夢中になっていくのではないかと考えています。うちの場合でいうと、家庭内起業ではコーヒー屋やサラダ屋に。台湾旅行では、英語を話す係に。他にも、マイクラ作家として作品を依頼したり、家の空いたスペースに作品を展示してもらうために作品を依頼したり、いろんな役割を与えています。

●大人扱いする

ここでの「大人扱いする」は、「どうせ子どもだから、これくらいのことを教えれば十分」と決めつけないという意味です。子どもは、すごく難しい話でも意外に興味を持ちます。そもそも大人扱いされる機会はどうしたって少ないでしょうから、それだけでワクワクしてくれるかもしれません。教えてみて反応が薄いようであれば、教えるのをやめればいいだけなので、試すハードルも低そうです。

●学校で習わないことを教える

僕は自分が好きなこと、仕事のことを、そのまま子どもにも話します。これが子どもの興味を広げる機会になっているのかもしれないと感じています。ゲーム、映画、テクノロジー、音楽、アート、食、ビジネス、世界情勢、Twitterで話題になったこと。最近でいえば、AIの進化のすごさについて話をしました。そういう魅力を子どもに熱量を持って伝える意味でも、親自身が何かに夢中になり、勉強したり好奇心を持ち続けたりすることが大切な気がしています。

●本番を体験させる

サッカーの楽しさを知るには、シュートのやり方を教科書で学ぶより、サッカーをしたほうが早い。同じように、教科書で地理を学ぶより、現地を旅したほうが理解は深まる。数学問題を解くだけでなく、数学で動くゲームプログラミングをしたほうが、サイン・コサインが好きになる。お金の勉強をするより、家庭内起業したほうがビジネスの本質に近づく。夏休みの会社見学も当てはまりそうです。本番体験をすることで、楽しみが生まれ、自然と大事なことが学べるのではないか？　と考えています。

②夢中になるための環境づくり

●デジタルリテラシーを身につける

いろんな考えがあると思いますが、僕はデジタル推奨派です。タイピングを教え、自分で知りたいことを調べる。自分の時間を、自分で管理できるようにする。こういう習慣ができたことで、長男の夢中が爆増したと実感しています。そのためにも、その子専用の iPad などデジタルデバイスを渡すこともポイントかもしれません。うちは、旧型の iPad をあげました。

●調べるチカラをつける

自分で調べるチカラが重要なのは、大人も子どもも同じではないかと考えています。何かやりたいことがあったとき、自分で調べることができれば、すぐ実行できます。今は、記事検索、画像検索、YouTube、Chat GPT など簡単に調べられる環境があります。セーフサーチなど適切な制限はつけつつも、「パッと調べて行動できる」ようになれば、夢中を加速させるのにも役立ちそうです。もちろんネットだけでなく、図書館や書店、新聞や雑誌、身近な人に聞いてみる、詳しい人を見つける、といったいろんな方法を教えることも同じように有効だと思います。

③夢中を邪魔しない

●やらなきゃいけないことで埋めない

自戒を込めてですが、親があれこれ動きすぎることで、夢中をつぶしてしまうこともあるのではないかと思っています。子どもが何かにハマっているときは、放っておくくらいでいいのかもしれません。宿題や習い事、親が用意するタスクで子どもの1週間を埋めてしまうと、夢中になるチャンスもそれだけ減るので、もったいないなと感じます。

●夢中をサポートする

子どもが何かにハマりそうなときは、必要な手伝いは惜しみたくないと思っています。特に物を買って解決できることは、本でも画材でも、多少高価な物でも、できるだけケチらないようにしています。タイミングも大事だと思っているので、誕生日を待って買うのもいいですが、その興味の炎が消えないうちに渡してあげるようにしています。うちも買って2回くらいしか使っていない顕微鏡などがありますが、お金で夢中が買えるなら安いもの。他にも、どこかに連れていくとか、誰かに会わせるとか、関連動画を紹介するとか、そういうサポートの積み重ねが、けっこう肝になるのではないかと思っています。

●「自分で発見する機会」を奪わない

自分で謎解きゲームの答えを見つけたらすごく嬉しいけれど、教えられた解答では感動できない――それは子どもも大人も同じです。学校の勉強は教えられることが主で、自力で答えにたどり着く体験は多くはありません。失敗も含めて、自分で発見したことは忘れにくいもの。だから過干渉タイプの親（僕もそうですが）は、あまり手取り足取り教えすぎない距離感を心がけることも大切かもしれません。できるだけ、子ども自身が調べ、体験し、発見する機会を奪わないようにしたほうがよさそうだと思っています。

●「将来のため」と「今の夢中」のバランス

「やりたいことがあっても今はがまん。がんばって勉強すれば、いい大学に入って将来が楽になる」。親は子どもの幸せを願うがゆえ、こういう思考になります。僕もその気持ちはよくわかりますし、完全に否定することはできません。

でも今の時代、10代でもいろんなプロになれます。起業もできます。将来のために今をがまんしなくても、すぐ夢は実現できるかもしれません。

「イーサリアム」[※22]という仮想通貨をつくった人は、17歳でビットコインに興味を持ち始めて19歳で考案しています。「10代は勉強期間で、本番が始まるのは大学を卒業してから」と考えるのと、「人生はずっと本番。本番をやりながら、勉強もする」と考えるのは大きく違うはず。

もしも今、その子がすごくやりたいことがあるなら、学校を1週間休んでそれに集中してもいいかもしれません。それが将来役に立たなそうなものでも構わないと思います。何が役立つかなんて、誰にもわかりません。それよりも、「夢中になるチャンス」を大事にしてあげたいと僕は思います。

※22　1994年生まれのロシア系カナダ人、ヴィタリック・ブテリン。プログラマーで起業家。

もちろん勉強も大事なので、やりたいことで100%埋めればいいという話ではありません。子どもの夢中が開花したとき、それを受け止める度量が親側に必要なのではないかという話です。

④無理をせず、持続可能に夢中をつくる

●自分が楽しむ

育児は「やらなければならないこと」の連続です。子どものために、自分のやりたいことの時間をつぶして、子に尽くす。自分の行きたい場所より、子どものためになる場所へ。自分のしたい仕事を減らして、子との時間をつくる。仕方ないことではありますが、でもなるべく「自分がしたいこと」に変換していければいいなと思っています。

たとえば子どもがゲームにハマったら、自分もそのゲームを好きになってみる。子どもが面積を求める宿題をしていたら、自分もその問題を解いて、算数をクイズみたいに楽しむ。自分が行きたい旅を優先させて、その中で子

どもが好きなイベントもつくる。そういうマインドのほうが、無理なく続けられるし、自分が楽しいから長く続けられる。そして親自身が、夢中になって楽しむ姿を見せることで、好循環が生まれるのではないかと思います。

●家族でチームになる

僕はアイデアを出すこと、考えることを仕事にしていることもあって、子どもとの関係も「一緒に考える」スタンスに自然となっていきました。小1起業家や定例会議のように、親子関係の中に違う関係を持ち込んでみることも、「親が上で子どもが下」となりがちな親子関係を柔軟にしてくれました。実際、子どものほうが知っていて教えてくれる場面も多々あります。

パートナーとの関係も、「子どもが元気でいてくれたらいい」というような大きなベクトルが同じであれば、多少のズレは無理に合わせる必要はないと思っています。親もそれぞれ個性や考えがありますから、あとはそれぞれの付き合い方で子どもと接すればいいのではないでしょうか。

家族を会社にたとえるなら、ワンマン社長の言う通りに従う会社より、社員からも自発的にアイデアが出てくる会社でありたい。家族というより「年齢の離れた人間がいる仲良しチーム」でありたい。プロジェクトごとにリーダーは変わってもいい。僕が以前働いていた「面白法人カヤック」がまさにそんな組織でしたが、家もそうでありたいと思っています。

●「成功体験」より「夢中体験」

長男の場合は、小4でプログラミングにハマって大作ゲーム[※23]をつくった経験が大きかったです。穴ぼこだらけのゲームですが、「やればつくれる」という自信がついて、より積極的な人になりました。だから、成功体験もいいのですが、失敗体験も含めて「夢中で何かをやった体験」の回数のほうが重要なのではないか？　と考えるようになりました。

仕事の場合はプロセスより結果を求められますが、子どもの成長においては結果よりプロセスが大事なのかもしれません。中学受験に失敗した子も、数年間集中して勉強した経験は絶対に活きるはず。「その体験をしてよかった」と思えるマインドセットを、子どもに渡してあげられるとよさそうです。そ

※23　「ガチファイター」https://note.com/sato_nezi/n/n5d39fe3fdae8

うやって夢中体験をポジティブに捉えることで、自信が生まれ、結果また次の夢中体験が生まれやすくなるのではないか……という考えを持っています。

……と、僕の体験からさまざまな仮説を並べてみました。ＰＡＲＴ２からは、ここまで書いてきた僕の仮説や感じていることを抱えて、子どもの夢中を応援している人、夢中を今まさに追いかけている人と対話していきます。

PART 2

夢中のひみつを聞いてみた（対話集）

「試行錯誤の回数・サードプレイス探し」
探究学習のプロに学ぶ、夢中のつくり方

宝槻泰伸　ほうつき・やすのぶ

探究学舎代表

1981年、東京都三鷹市生まれ。京都大学経済学部卒業。幼少期から「探究心に火がつけば子どもは自ら学び始める」がモットーの型破りなオヤジの教育を受ける。高校を中退し京大に進学。次男、3男も続き、「京大3兄弟」となる。開発期間5年をかけて、2011年に「探究学舎」を設立。子どもたちの探究心に火をつけるオリジナルの授業を展開し、国内外から親子が集まる。5児の父。現在は長野県軽井沢町に移住して2拠点生活を送る。

親が「きっかけ」を与えたほうがいいのか

宝槻　ねじさんのnote「小1起業家」はけっこうバズってましたよね。

佐藤　まさにこの本も、あの記事が種になっています。ただ、自分のやっていることだけを本にしてもn=1でしかありません。たまたまこうなったという例に過ぎない。僕はプランナー、デザイナーで教育について体系的に語れることもない。それで、いろんな人と話をしてみようと思いました。宝槻さんは「探究学舎」※24を2011

探究学舎での授業風景。子どもたちは目を輝かせて活発に話す

※24　宝槻さんが30歳のとき、2011年に東京都三鷹市に開業した塾。受験や成績向上といった勉強ではなくワクワクする探究を届けるのがコンセプト。

年に設立されています。成績アップや受験合格ではなく、驚きと感動の〝種まき〟をして探究心に火をつける興味開発型の教室というコンセプトは、まさに〝子どもの夢中〟の先輩のような存在です。いろんなヒントをいただければと思っています。

まずお聞きしたかったのは、学校に行かないとして完全放置でいいのか、という話です。今は「学校は無理に行かなくてもいい」という考えの人や発信が増えています。そこは僕も完全に同意しています。うちの長男は中学受験を考えて塾に通ったこともあったんですが、小学校の後半3年間を受験勉強と、ハマって夢中になっていることのどちらに使うのかと考えたときに、本人と話し合って後者を選びました。とはいえ、本音のところではどこかでセーフティ・ラインのようなものを考えてしまう自分がいます。たとえば学校に行かない子がいた場合、ただ好きなことをやるだけではなく、親が何かきっかけを与えたほうがいいんじゃないかと思っています。宝槻さんがそのあたり、どうお考えかお聞きしたいです。

宝槻　きっかけを親が与えたほうがいいというのは、その通りだと思っています。学校はいろんな機会を与えてくれる場所です。図工も体育も部活もある。放っておいても効率的にいろんな機会を与えてくれるので、子どもたちも自分の才能や方向性を自分なりに選択していける場所だと思うんですよね。もっと勉強したければ進学校があるし、もっとスポーツしたければスポーツが得意な学校もあるというふうに枝分かれしていける。

ただ、学校はいい意味でも悪い意味でも必要最低限と考えたほうがいいと思います。いい学校や子どもにフィットする学校にめぐり会ったとしても、学校がすべてを提供してくれるわけではありません。だから、学校へ行く行かないにかかわらず、親が家庭できっかけを運ぶ〝エンジン〟になってあげたいですよね。

きっかけを与えた「回数」がポイント

宝槻　きっかけを与えるのが上手い親と下手な親はいます。でも上手い下手の前に、「試行回数」が多い人と少ない人がいるんじゃないかと思うんです。つまり、自分の可処分時間をどれくらい子どものきっかけづくりに使えているか。

佐藤　確かにそうですね。回数は必要ですよね。

宝槻　そうなんです。学習塾を経営していた僕の親父[※25]は、上手いか下手かでいうと、上手かったと思います。20代の頃から自分で塾を運営していていろんな子どもに接していたし、学力を育てることが仕事でしたから。た

宝槻家の3兄弟と両親。右上が泰伸さん、右下がお父さん

※25　宝槻さんのお父さん・宝槻徹さん。20代で塾「プラトン学園」を開業し、その後学習システム開発のベンチャーを起業。40代からは子育てと教育学の研究に専念。結果、息子3人は高校へ通わず、大検（大学入学資格検定。現在の高認〈高等学校卒業程度認定試験〉）取得後に、京都大学へ進学した。お父さんのユニークな子育ては、『とんでもオヤジの「学び革命」：「京大3兄弟」ホーツキ家の「掟破りの教育論」』（小学館）、『強烈なオヤジが高校も塾も通わせずに3人の息子を京都大学に放り込んだ話』（徳間書店）に詳しい。

とえば、まず麻雀やトランプのブラックジャックやポーカーをやらせると、遊びの中で子どもの地頭が育つことをよくわかっていました。それで、麻雀やポーカーで子どもを負かして借金作らせて、その借金を返すためには「ドリルをやってこい。やったらまたゲームに参加させてやるから」と（笑）。

佐藤　お父さんのお話もめちゃくちゃ面白いですよね。

宝槻　麻雀やトランプをネゴシエイトするツールにしつつ脳の土台を鍛えていたというのは、発想としても子どもへの仕掛け方としても上手だと言えます。僕たち3兄弟はそういう親父のもとに生まれたんですが、幼い頃は親父が忙し過ぎて家にいなかったんですよ。レゴやタミヤ[※26]の工作セットを買ってきてくれたり旅行に連れて行ってくれたりとかはありましたが、あんまり覚えていない。親父との関係が濃密になったのは、親父が暇になってからの話です。そこから試行回数も増えましたね。

※26　株式会社タミヤ。静岡市に本社がある、世界有数の模型・プラモデルメーカー。

「観察・アイテム選定・伝え方」きっかけを与える3つのポイント

宝槻　それから、アイテムの選定ですね。『うんこ漢字ドリル』[※27]なのか、ゲームの「信長の野望」[※28]なのか、コーヒーなのか。そしてそのアイテムの運び方、つまりコミュニケーションの仕方だと思うんですよ。「おーい、図鑑買ってきたぞ。読め！」。これは下手ですよね。

佐藤　そうですね。プレゼンというか、そのアイテムをどう魅力的に紹介するかですね。

宝槻　そうそう、どう子どもにとって魅力的に見せるかです。一緒にやってあげたほうがいい場合もあると思います。もう少し具体的に話をすると、まず1つ目に、子どもを観察して「何が欲しいのか」「どんなきっかけがいいか」を見る。そして2つ目はアイテムを見極めること。アイテムは機会と言い換えてもいいです。体験も含みますからね。たとえば探究学舎に連れてくるのも、

※27　文響社が出版している、うんこを題材とした漢字ドリル。計算、プログラミング、英語なども含めた「うんこドリル」は現在、累計発行部数が1000万部を突破。子どもたちの心をつかむ大ヒットドリルに。

※28　1983年に発売されたPCゲームソフト。戦国時代が舞台の歴史シミュレーションゲームとしてシリーズ化されている。

コンサートに連れて行くのも、習い事を選ぶのも、体験授業に行くのも機会。そして3つ目は伝え方。押し付けるのではなく、子どもがやりたくなるようにプレゼンできるか。「きっかけを与える」を因数分解すると、その3つになると思います。

佐藤　確かにその通りですね。

宝槻　親になるまでに人間観察力や教養、アイテムや機会について知識があって、押したり引いたり、時にはそそのかしたりというコミュニケーション能力が高いとおのずと上手い親になりますよね。でも最初から備わっている人はいないし、３つ全部が完璧に備わっている親はなかなかいないわけで。

何回か試してダメでも、くじける必要はない

宝槻　加えて、時間が４つ目の要素としてありますね。

佐藤　子どもとの時間は、なかなか増やせないですね……。

宝槻　それでも最初の3つが不得意な場合、時間をつくるしかないですよね。下手なりに時間をつくっていろいろやってみる、トライする中で、「こうすると失敗するけどこっちだとうまくいくんだな」とか「このアイテムは次男には刺さらないけど長男には刺さるな」ということが見えてくるはずです。まずは時間をつくって試行回数を増やすことで、観察力やアイテムや機会を見つけてくる力、コミュニケーションの仕方を成長させていくことはできます。

佐藤　試行回数を増やすという視点は、盲点でした！　僕も仕事でクライアントにプレゼンするので、子どもに「きっかけ」を魅力的に伝えるのは得意なほうだと思います。ただ、人にコツを伝えるとなるとなかなか難しい。確かにプレゼン上手でなくても試行回数を増やしていけばいいというアドバイスは、実践しやすくていいですね。逆に、何回かやってうまくいかないからといって、「この子には何を与えてもダメだ」とくじける必要はないってことですよね。とにかく回数を重ねているうちにうまくいくことが出てくるかもしれないから練習と思ってやればいい、というのは勇気づけられますね。

思春期は「指示命令」から「聞く」コミュニケーションへ

佐藤　今のお話に乗っかるかたちで次の質問に行きます。長男は小5で少し早めの思春期に入ってきて、父親が提案するものに対してのバリア度が上がってきている感じがあります。親から言うと聞かないので、たとえば知り合いのプログラマーの会社に一緒に行って見学させてもらうということをやったりしています。思春期に入ってきたとき、どういう手があるのかを聞いてみたいです。

宝槻　思春期に親がどう関わるかはけっこう難しい質問ですね。これまでの話を踏まえるならば、コミュニケーションの仕方を変える一択だと思います。
子どもって、小さい頃は親に喜んでほしいというのがすごく強いですよね。

だから、お父さんお母さんの提案やお願いをわりと素直に聞くと思うんです。もちろん子どもの性格もあるので一概には言えませんが。動物園に誘ってもお手伝いをお願いしても「うん！」と言ってくれる。思春期になると、親が喜ぶことよりも自分が満足することにシフトしていきます。指示命令が無効になっていくのが思春期。だから、聞いてあげるとか逆提案してあげるコミュニケーションに切り替えないといけない。こっちから「ああしろ、こうしろ」と言うよりも、向こうが話したいことの聞き役に徹する。その上で、「だったらこうしてみたら？」「だったらこういうことができるぞ」と提案するという感じでしょうか。

佐藤　僕はともすると過干渉になる自覚があるので子どもとの距離感は意識してはいるんですが、聞いてあげる部分がおろそかになってたかもです。「聞く力」大切ですね。

宝槻　子どもが幼いほど親のほうにある主導権を、段階的に子どもに渡していくイメージです。

思春期の子への「過干渉・無関心」の見極め方

佐藤　今、悩んでいるのは自分が過干渉になっているかもしれないということです。これは必要なことなのかそれとも過干渉なのか、バランスが難しいです。がんばってしまう親だと過干渉パターンは多いんじゃないかと思うんですけど、どう判断するといいのか……なんだか悩み相談みたいになってきました（笑）。

宝槻　（笑）。過干渉かどうかの基準をあえてひとつ設けるとすると、子どもとの関係性がうまくいっていると自分で思えるかどうかじゃないですかね。そう思えるうちは過干渉でも無関心でもないんですよ。自分的にうまくいっていないと思ったら、過干渉か無関心か、言い換えるとやりすぎているのかやらなさすぎているのかだと思いますね。

佐藤　なるほど。自分だけ、夫婦だけで考えていると答えが出ないこともあるので、子どもの反応をちゃんと観察しながら、やりすぎてないか見極めていけば良さそうですね。

興味のきっかけのハブ「サードプレイス」を探せ

佐藤　教育や親子関係を語ると抽象的な言葉になりがちで、「結局どんな行動したらいいの？」と迷子になることが多い。宝槻さんのお話でわかりやすかったのは、親は「興味のきっかけのハブ[※29]づくり」をすることがポイントということです。1から10まで、親が興味のきっかけを与えるのは無理だけど、「きっかけの場所」をつくることはできる。逆に子どもだけで、きっかけの場所を増やすことは難しい。もちろんその場所として、「学校・塾」や「親」でまかなえるならそれでいい。でもそこだけでは難しい場合もあるはず。このような場所以外で興味のきっかけのハブをつくる方法はありますか？

※29　英語のHub。もともとは車輪の中心部のことで、転じて中心地、結節点などの意味もある。

宝槻　「サードプレイス」という言葉がありますよね。学校でも家庭でもない〝第3の場所〟です。たとえば不登校になったとき、家でお母さん、お父さん、きょうだい同士でいろんな機会を創出できるかというとなかなか難しい。本人がハマるところを一緒に見つけるチャレンジをしないといけない。そこにしか活路はないですよね。

実際、「あの場所が人生を変えた」みたいな体験を持っている子は世の中にいっぱいいるじゃないですか。僕の周りにも何人もいます。だから、サードプレイスを見つけてくるというのは戦略的にありだと思います。

で、そのサードプレイスも結局は試行錯誤の連続だと思うんですよ。すぐにうまく見つかるかどうかはわからないので。

佐藤　確かにうちの子も、学校外のサッカークラブがサードプレイスになっていますね。ただお話を聞いていて、僕ら親は「勉強してるか」は気にするけど、「いいサードプレイスがあるか」について考えたり、積極的にそれを探す時間は、あんまり取れてない気がしました。これは、早速「サードプレイス探しブレスト」をしてみたいと思います!!

サードプレイスの基本はリアルな場がいい（たまにオンラインもあり）

佐藤　長男はプログラミングにグッとハマって、でもクラスに話が合う子があまりいなかったんです。それで、僕の知り合いのプログラマーとSlackでつなげようとしたけど、やはり大人と子どもだからかそんなに活発にはならなくて。同じ目線で話せる友だちがいるとハマり方が変わるので見つけたいと思って、ならばオンラインサロン的な場所でもいいかなと思ったんですが。

宝槻　探究学舎もオンライン教育をやっているので、いろんな成功体験も失敗体験もあります。オンラインでサードプレイスがつくれるかと問われれば、答えは「YES」です。でも、子どもにもたらされる機会は圧倒的にリアルのほうが多いとも思います。たとえば食事しながらしゃべるとか一緒に何かを作るとか、身体性を伴うものはオンラインではできません。そういう行為の中から自信や勇気が湧いてきたり、人生の教訓となる視座が得られたりするわけですよね。
あとはやっぱり、一日中画面に釘付けというのは人間らしくない。あくまでリアルな人間関係の中で揉まれてほしいよねというのは、一定数親の支持としてあると思います。だから、オンラインの中にも見つけることはできるけれど、基本はリアルのサードプレイスをどう見つけていくか。

佐藤　確かに、リアルじゃないとできないことはけっこうありますよね。

探究学舎のオンライン授業のための動画制作風景

宝槻　僕が中学生の頃のサードプレイスはお寺だったんです。住職の奥さんがお茶の先生で、母親からお茶を習いに行かされていて。きっかけはお茶だったんですが、住職が僕ら3兄弟にとってのメンターになっていました。お寺のコミュニティとの接触頻度はそんなに高くなかったんですけど、3兄弟に大きな影響を与えるサードプレイスになっていましたね。

佐藤　そのお寺とつながる最初のきっかけは？

宝槻　親父が住職と出会って、たぶん飲んで仲良くなったのが最初かな。「実は、妻が子どもにお茶を習わせたいと言っていて」「おう、俺んところでお茶やってるよ」みたいな流れです。

佐藤　親のコミュ力というか、つながりの幅みたいなのは子どもに影響を与えうるということがわかるエピソードですね。

宝槻　確かに、親のつながりが多いほど子どもに与えられる機会は増えますよね。でも、それがなかったとしてもググって訪ねていけばいいと思うんですよね。探究学舎に放り込んでくれてもいいですし(笑)。花まる学習会のサマースクール[※30]に放り込むとか、座禅合宿に行かせるとか。中高生になってくると放り込むのは難しくなりますけど、「こんなのあるよ」と提案はできます。いずれにしても、サードプレイスという力を借りるのが肝ですね。

佐藤　サードプレイスをどう解釈するかでいうと、独自解釈できる人は独自でやればいいし、探すのが苦手という人は探究学舎や花まる学習会のような場所が今はたくさんあるので活用できそうですね。

サードプレイスはいくつあっても、移り変わってもいい

宝槻　サードプレイスはいくつあってもいいし、変わってもいきます。小学生は駄菓子屋、中学生になると塾。高校生だとサマースクールで出会った仲間

※30　「自立・自活できている大人」「魅力的な人」を育てることを目指し、高濱正伸が1993年に設立した学習塾・幼児教室。授業だけでなく宿泊企画やサマースクールなどでの野外体験もあるのが特徴。

とかね。
僕が高校生のとき、いろんな意味で指針や楽しさを与えてくれて、ネットワークをつくってくれたのはバーでした。バーの12歳年上のマスターが僕のことを気に入ってくれて、そのコミュニティでサッカーからファッションや映画といったサブカル的なものを学びました。大人の空間に10代の僕がまぎれ込んであだ名をつけられて、居場所をつくってもらえて。すごく刺激的でしたね。これは家庭では与えられない機会ですよね。でも、通っていたのは1年かな。大学進学とともにそのコミュニティからは卒業して、サークルやゼミという新しいコミュニティに入っていって。

佐藤　バーというのは驚きでした。そこで「自分たちの身の回りにはそんないい感じのバーないし」と考えてしまう人もいると思うんですが、宝槻さんもたまたま出会ったわけですよね。その子にとってサードプレイスとなりうる場を見つければいいと考えれば、見つかりやすそうです。僕ももっとやれる感じがしてきました。

「きっかけ」は「縁」と捉えればいい

佐藤　僕がひとつ気になっているのが、わが家でずっと課題になっている『SLAM DUNK』[31]を子どもにいつ紹介するか問題」です。僕は「これすごく面白いんだよ、映画もやってるし」と渡そうと思ったんですが、親から与えられることで義務っぽくなり、感動の量が減ってしまうんじゃないか。子どもが自分で発見したり、友だちから教えてもらったほうが、SLAM DUNKを楽しめるんじゃないか……と日々悩んでいます。ふつうに漫画や映画はよく紹介しているんですが、特に思い入れのある名作は躊躇《ちゅうちょ》してしまいます。他にも『HUNTER×HUNTER』[※32]とか……。

宝槻　そこはロジックで考えないほうがいいんじゃないかな。「このパターンだとうまくいくけど、これだとうまくいかないからやめましょう」みたいなのはやめたほうがいいと思っています。『SLAM DUNK』を親から紹介されるのか、友人から紹介されるのか、たまたまWebで自分が見つけてくるのか、

※31　井上雄彦作のバスケットボールを題材にした漫画。『週刊少年ジャンプ』にて1990年から1996年まで連載された。アニメ化、映画化もされ、特に2022年12月に公開された『THE FIRST SLAM DUNK』は原作者が監督・脚本を務め話題になった。

※32　冨樫義博作の冒険活劇漫画。『週刊少年ジャンプ』で1998年から連載開始。現在も続いており、不定期で掲載されている。

どのルートで出会うかは「縁」です。感動するかしないかもまた縁。

佐藤　縁と捉えるのはいいですね。

宝槻　かくいうわれわれだって、ドストエフスキーに出会って感動する体験をしている人は少ないですよね。司馬遼太郎、太宰治、夏目漱石……言い出したらキリがないですよね。僕もドストエフスキーは1回読んでみたけど、小難しい小説だなと思って放り出したんですよ。うちの親父はドストエフスキーを全部読んでいて、「お前らなんでこれがわからないんだ」と言っていましたが。でも、同じように親父がきっかけになって読んだ司馬遼太郎はハマってかなり読みました。

佐藤　どちらもお父さんきっかけだったけれど、違った結果になったんですね。

宝槻　ビートルズ※33やデヴィッド・ボウイは先ほどのバーの人たちが教えてくれまし

※33　ザ・ビートルズは1960年代から70年代にかけて活動した、20世紀を代表するイギリスのロックバンド。デヴィッド・ボウイはビートルズと同時期に活躍したグラムロックの先駆者。

た。それはもう、まぎれもなく縁ですよね。僕はプログラミングとは縁がなかった。バックパッカーになって海外を訪ね回るという縁もなかった。でも別に、人生損したと思っているわけじゃない。

30歳でひと区切りと考えると、気がラクになる

佐藤　過去の記事で、宝槻さんが「30歳がひとつの区切りでいいのではないか」というようなことを話していました。

宝槻　法律では18歳で成人ですけど、寿命が延びたことで実質的に成人といえる年齢は上がっていると思います。自分は何者で、どういう資質と志向性を持ってこの社会に働きかけていこうかということが見えて、かつアクションにつながっているのは30歳くらいからじゃないでしょうか。

佐藤　その話にも勇気づけられます。18歳で成人となると、子どもの方向性が固まるまであんまり時間がないじゃないですか。でも30歳がひとつの区切りと考えれば、それこそ〝ご縁〟もその分たくさん巡り合える可能性が出てくる。
僕でいうと、自分のジャンルであるアートやデザイン関連の展覧会に長男を誘うと、「父ちゃんがまた何か楽しませようとしている」と警戒されて、展覧会そのものが、子どもが行きたくないものになってしまったんですよね。でも今は嫌がってても、また大きくなってから好きになる可能性がある。ちょっと無理にでも連れて行ったあの展覧会が、子どもにとっていつか大きな影響を与えるのかも。そう思えば、きっかけプレゼンに失敗しても、全部意味があることだと思えて、ポジティブになれますね。

宝槻　そうそう、その通りです。縁があれば出会えるし、そうでもなかったものが好きになることもありえます。

コネクティング・ザ・ドッツ

宝槻　ねじさんのお子さんにとっての展覧会は、僕の場合はピアノかな。小学生のときは強制的にやらされていたので、めちゃくちゃ嫌だったんですよ。けれど3兄弟で僕だけが中高になってもピアノを続けて、最終的にベートーヴェンやショパンも弾けるようになりました。難しい曲を弾ける技術を身につけられたというだけでなく、クラシック音楽にも興味を持って取り組むことができました。それが、探究学舎での「音楽編」という授業で、バッハやモーツァルト、ベートーヴェンの何がすごいのかを子どもたちや親御さんたちに伝える仕事につながったんですよね。

　だから、ねじさんのお子さんが展覧会でアートに触れるっていう原体験は、その後興味が薄れたとしても、親父と一緒に行って楽しかったという感覚は残っているはずですよ。種火みたいなもので、また何かきっかけがあれば、アートの熱が再燃し始める可能性は十分あると思います。もちろんない可能性もありますが。

佐藤　「せっかく体験できたのに」ともったいなく思うと過干渉になりそうですが、「ご縁」と考えれば気が楽ですよね。

宝槻　まさしくスティーブ・ジョブズが言った「コネクティング・ザ・ドッツ[※34]（Connecting the dots）」じゃないですか？

佐藤　まさにまさに！　ジョブズがスタンフォード大学の卒業式で話した、一見バラバラな点同士がつながって未来をつくる話ですね。

宝槻　与えるタイミングの良し悪しはコントロールできるものではないから、それを与えようと思ったことも含めて「ご縁」だと考えるのはいいですね。

行き当たりばったりでいい

佐藤　特に、興味を持つか持たないかということに関しては、本当にそうですね。

※34　Apple創業者の1人であるスティーブ・ジョブズが2005年、スタンフォード大学卒業式で語った演説に出てきた言葉。一見バラバラな「点」同士のつながりは後からしか見えないから、いつかつながることを信じて生きよという趣旨。

親の中にはどうしても「こうさせたい」というコントロールしたくなる気持ちが生まれがちなので。

宝槻　プロゴルファーの石川遼くんのお父さんとか、フィギュアスケーターの浅田真央ちゃんのお母さんとかはすごいわけですよ。タイガー・ウッズに至っては、自分がゴルフの世界的スーパースターで、どういうふうになればゴルファーとして成長するか親父から教えを受ける原体験を持っています。わが子が生まれたらその原体験を生かして、息子も頭角を現し始めています。すごいですけど、われわれ一般人には再現性がありません。東大理Ⅲに子ども4人を入れた佐藤ママ[※35]も、再現するのはかなり難しい。

佐藤　あまりにもすごいから目を引きますけど、再現性はないことをわかって見たほうがよさそうですね。

宝槻　あくまで特殊ケースですね。うちの親父がいいことを言っていました。「や

※35　4人の子ども全員を東大理Ⅲ(医学部)に合格させた佐藤亮子のニックネーム。幼い頃からの徹底したサポートと育児法、勉強法が注目された。

り方に唯一正解があるとするなら、行き当たりばったりにやれ。ちゃんとやろうとするな」と。親がそれくらい鷹揚に構えながら、結果はあくまでご縁と心得ていろんなきっかけづくりができるといいですよね。

（対談日　2023年1月11日）

対談を終えてメモしたこと

- きっかけを与えるコツは「観察・アイテム選定・伝え方」
- 子どもがやりたくなる「うまいプレゼン」も重要
- プレゼンが苦手な場合も「回数」で補える。きっかけを与える試行回数を増やそう
- 思春期に入ってきたら「指示命令」から「聞く」コミュニケーションへ

●興味のきっかけのハブとなる「サードプレイス」を探そう
●きっかけはあくまで「縁」ととらえよう。行き当たりばったりでOK

「可塑性・大人扱い・よく規制された自由」哲学者と考える育児のヒント

苫野一徳　とまの・いっとく

哲学者・教育学者
熊本大学大学院教育学研究科准教授

1980年、兵庫県生まれ。早稲田大学大学院教育学研究科博士課程修了。博士(教育学)。著書に『愛』『教育の力』(ともに講談社現代新書)、『ほんとうの道徳』(トランスビュー)、『「学校」をつくり直す』(河出新書)、『どのような教育が「よい」教育か』(講談社選書メチエ)など。

子どもを大人扱いする

佐藤　僕は高校生の頃、『ソフィーの世界』[※36]から哲学にハマった時期があります。苫野さんが、根本の部分を突き詰める哲学を教育に持っていっているのを見て、「こんなかたちになるのか！」とすごく面白く感じています。苫野さんがおっしゃっていることと、僕が家でやっていることのベースにある考えは同じライン上にあると感じていて、とても共感しています。

苫野　私も、佐藤さんのお話には共感しかなかったです。

佐藤　仲良くなれそうですね(笑)。苫野さんは教育学と哲学を専門にされていて、それぞれに数多くの著書を出していらっしゃいます。また、「哲学対話」などの活動もされています。多くの人がふわっと思っていることの先を言語化されているので、読者の方には苫野さんの著書をぜひ読んでいただきたいんですが、今回はもう少しライトに入門的な感じでお話を聞きたいと思います。

※36　ノルウェーの高校の哲学教師、ヨースタイン・ゴルデル作のファンタジー小説。1991年刊行。多くの言語に翻訳され、1995年に日本語版が刊行された。小説の体裁ではあるが、優れた哲学の入門書という側面も持つ。

苫野　私が佐藤さんの実践を見ていてとても素敵だなと思ったのが、子どもを大人扱いするところです。多くの学校では、「これくらいの発達段階の子どもにこういうのは難しいよね」という言葉がよく聞かれます。でも私は、それはちょっと子どもをバカにしすぎなんじゃないかなと感じてしまいます。

私は子どもたちとよく哲学対話をするんですね。特に「本質観取《かんしゅ》」[※37]といって物事の本質を言葉にしていくことをやっています。優しさとは何か？　良い先生とは何か？　幸せって何だろう？　そんなテーマで子ど

学校で子どもたちと哲学対話を行う機会も多い。写真は学校のルール見直しをする哲学対話

※37　対話を通して、物事の本質を言葉にし、意味や価値の本質をつかみとっていく哲学的営みのこと。苫野さんはさまざまな場所で継続して本質観取を行っている。

もたちと対話しています。家庭でも、長女からやりたいと言ってきて、小5のときから2年間、寝る前にベッドで10分くらい哲学対話をやっていたんですね。当時幼稚園児だった次女も「私もやる!」と言ってきて。

佐藤　いいですね。

苫野　しかも、けっこう高度なテーマを持ってくるんですよ。5年生が「存在とは何か」とか「言葉とは何か」とか。次女もクリスマスに幼稚園で創世記[※38]の絵本を読み聞かせしてもらったとき、「私は納得できない」と言い出しまして。

佐藤　(笑)。

苫野　「世界がなかったのに、なぜ今世界ができたのか」とか、「世界がなかったって、どういうことなのか」と言っていました。こういう問いを哲学では「形《けい》而上学《じじょうがく》的な問い」と言います。経験世界を超えたところでの問いですね。

※38　旧約聖書の第1書。ユダヤ教、キリスト教におけるこの世の始まりが書かれている。天地創造、イスラエル民族の祖先たち、イスラエル民族を大飢饉から救ったヨセフの物語などで構成されている。

ああ、幼稚園児でもこういう問いを持つんだなと発見させてもらいました。
全国でたくさんの小中学生とこの本質観取を続けているんですが、大人よりも言語力、思考力、対話力が高いと感じられることが多々あります。子どもの底力を肌で感じている者からすると、低い期待値で子どもたちと接していたら、子どもたちもそのレベルでしか返さないですし、何より成長の機会を奪ってしまう。その意味で、佐藤さんは小1だった息子さんを大人扱いしていますよね。

佐藤　苫野さんからこうやって言葉をいただけるのは、すごくいいですね。僕がやっていることは自分ではなかなか客観視できないので。子どもを大人扱いすることにポジティブな意味を与えてくれるのは、自分にとっては発見です。

苫野　学校教育は、本質的な子ども観を共有することがものすごく大事です。非本質的な子ども観に基づいて、「何もできないから親や教師が手取り足取りしなきゃ」とか、「失敗させたりケガさせたりしないように、転ばぬ先の杖を差し出さなきゃ」とかなってしまうと、子どもの持つ力をどんどん削ぎ落としてしまう。佐藤さんみたいに、「どんどんチャレンジしなよ。一緒に楽しもうぜ」というスタンスだと、子どもは安心してチャレンジするし、失敗してもそこから学べると思えるんですよね。

小3で不登校になったことで、哲学対話を好きになる

佐藤　僕は子どもにいろいろぶつけているほうだと思いますが、それでも自分のバイアス[※39]や価値観、世界観があります。苫野さんの寝る前の親子哲学対話は、僕の発想にはなかった。苫野さんも僕も大きな方向感としては同じという共感がありますが、そこから先の具体的なところをお聞きしたくて。

苫野　長女と哲学対話をやったきっかけは、長女が小3で不登校になったことでした。いろいろと理由があって「学校行きたくない」とずっと言っていたんですが、あるとき「私はもう学校やめたから」と言ってきたんですね。彼女は

※39　考えや行動に特定の偏りをもたらす要因や、偏っていることで生まれる認識のゆがみのこと。先入観、思い込みといった意味でも使われる。

不登校と言われるのがすごく嫌いで、「私は自分の意思で学校をやめたんだ。不登校じゃない」と。そうは言っても、行かなくなったらなったで、すごく苦しんでいました。

あるとき、私が勤めている熊本大学に長女を連れて行きました。教育学部生はこんな時本当に頼もしくて、娘は、勉強を教えてもらったり遊んでもらったりして、どんどん大学生の友だちをつくっていきました。また、私のゼミには不登校の中高生が何人か来ているんですが、そんな中高生とも一緒に、娘はゼミで本質観取をやっていました。それが楽しかったみたいで、哲学対話をやりたいと言ってきたという流れです。

何が言いたかったかというと、可能性はその子にいっぱいあって、どのアンテナを伸ばすかは本当にわからないということです。だから、佐藤さんの「どんどんやっちゃいなよ」という感じがすごく素敵だと思いました。家庭でも学校でもあれしなさいこれしなさい、あれするなこれするなと言われているうちに、自分が何をしたいのかわからなくなって、自分の中にある力にも気づけなくなってしまう。だから何でもいいと思うんですよ。何でも存分にやらせてあげたらいい。

脳には可塑性がある。いつだって変われるから、まぁ大丈夫

佐藤　そのお話もヒントになりそうです。娘さんが不登校になって実際にどうアクションするかで道は変わるし、いろんな考え方があります。職場に連れて行くという苫野さんの具体的なアクションは、誰でもできることではないかもしれないけれど、いいですよね。

苫野　誰でもできることじゃないというのは、私もそのときにすごく痛感しました。私も不登校のコミュニティやフリースクール[※40]などとのつながりがたくさんあるので、自分の子どもが不登校になって内心不安はありつつも、むしろ学校に行くよりもっといい機会をつくれそうだと思っていました。でもそれは、本当に恵まれているんです。ほとんどの保護者の方はすごく不安だし、フリースクールに行けることも一種の特権。地方だとフリースクールがそも

※40　文部科学省の調査では、不登校の小学生・中学生のうちフリースクールなどの民間施設の利用者は3％程度。フリースクールは数が少なく、近くにない、費用がネックになって通えないケースも。不登校児童・生徒の大部分が家庭で過ごしている。

そもない。お金もかかる。親が学校に行きたくない子どもを認めない例もいっぱいあります。ただ、恵まれているいないにかかわらず、親や先生が多様な機会にどんどん開かれていっていいというマインドを持つことはとても大事だと思います。

あと、こういう話はちょっとしたサクセスストーリーを求めたくなってしまうんです。不登校になったけれど難関校に合格したとか、こんな成功を収めた、みたいな。それはそれで素晴らしいことなんですが、そこをゴールにしちゃうと、子どもも親もしんどくなっちゃいますよね。

佐藤　挫折からの栄光みたいな話ですよね。わかります。

苫野　大人の側に、どうなったっていいんだよというくらいの鷹揚さが必要です。この経験をバネにしてとか必要ない。脳には可塑性、つまり変わりうる力があります。人間はいつだって変われるし、やり直しがきく。だから、あんまり心配することないんですよね。一番大事な土台は、親であれば「私はあなたのことをとても大事に思っている。何があってもいつだって味方だよ」という、絶対の〝承認の砦《とりで》〟さえ築いていれば、基本的に何だって大丈夫。まあ、そう簡単に思えないんですけどね。それくらい思っておくことが大事ということです。

佐藤　可塑性という新しい言葉がまたひとつ入りました。旗印を得たような気持ちになって嬉しいですね。僕の場合でいうと、何かを決めるときに「プランA」だけでなくB、Cまで考えるんです。そこまで考えるということは、考え方はわりとネガティブなんですよ。

苫野　なるほど、なるほど。

佐藤　「最悪でもこれ」というのを握っておいて、「最悪これでもまあなんとか許せる」を見つけておくと、そこから先もできるという感覚があるんです。でも、子育てに可塑性があるというふうには考えていませんでした。子育てには、早いうちからいろんな体験をさせたほうがいいかなとか、中学受験は必須なのかなとか、英語覚えるために海外移住やいい学校に入れたほうがいいかなとか。子どもが将来悪くならないよう、気を張ることが多い感じがします。多くの親が、自分の選択をミスるのが怖いというのはあると思います。だから「最悪ミスっても、いつだって変われる」と思えば、今の選択に自信が持てますね。

苫野　プランA、B、Cの思想はすごいなと思います。その発想だと心の余裕ができる。子どもに対して承認の砦をつくりやすいですよね。それはとても素敵な親としての姿勢だと思います。

がまん忍耐とやりきり忍耐

佐藤　苫野さんは過去のインタビューで、「忍耐力には受動的忍耐と能動的忍耐の2種類がある」というお話をされていました。嫌なことをただ耐えてやりすごすのが受動的忍耐で、自分のやりたいことのために自分を成長させたり嫌な環境自体を変える努力をしたりするのが能動的忍耐と苫野さんは定義されています。これも「わかる！」と思いました。がまん忍耐とやりきり忍耐といいますか。

苫野　まさにそうです。

佐藤　能動的忍耐力をどう獲得するかなんですが、苫野さんならどういう働きかけをしますか？

苫野　基本は「遊び浸る」なんですよね。遊び浸るから学び浸るへ、というのが幼児教育の基本です。小学校に入ると、遊びと学びが切り分けられてしまうというとても大きな問題があります。本当は遊びと学びは連続していて、遊び浸った経験がある子は、やりきる粘り強さが身についているんですよね。遊びのレベルは少しずつ上がっていきますから、「どうやったらもっとうまくなるかな？」「どうやったらもっと楽しめるかな？」と考えるんですが、遊びは楽しいからそれを実現するためにがんばれるんですよ。こういう経験を積んでいると、学びにおいても自然と探究につながっていきます。

「構成された遊び」は遊び？

苫野　だから、遊び浸るという経験がとても大切なんですが、今の幼稚園や保育園でさえ、〝構成された遊び〟、これを使ってこうやって遊びなさいという遊びが少なくないんです。小学校でも「クラス全員遊び」をやっている学校が多くて、みんなで遊ばないとダメということになっていて。それはもう遊びじゃない、勘弁してくれよと思いますよね。だから、ゲームに行くのは当然といえば当然ですよね。

佐藤　いやぁ、わかります。

苫野　もちろんゲームはゲームでいいんですけど、遊びが遊びではなくなってしまうことで、自分で試行錯誤して探究していく機会がなくなっていきますよね。ゲームをしているときだけが自由、となってしまう。

佐藤　「自由な遊び」はゲームの中にしかない、という感じですよね。

苫野　よく聞くと、別に（ゲームを）やりたくてやっているわけじゃないという子もいるんですよね。リアルに探究して、「こんなワクワクもある！」という感覚を得られないのは本当にもったいない。

佐藤　構成された遊びというのは、とてもよくわかります。それこそ「探究学習やらなきゃ」で、構成された探究学習になってしまっているのと同じで。

良質な制限

佐藤　「モヤモヤさまぁ～ず2」の伊藤隆行プロデューサーの話を思い出しました。伊藤さんは番組づくりで〝場づくり〟を意識しているそうなんです。いい空間の箱という場をつくって、そこでタレントや芸人がどう動くかは決め込まない。いい空間の箱を用意するのがミソで、ガチガチに固めないけどノールールでもない。僕の言葉でいうと「良質な制限」を設定するのが、ポイントだなと思いますね。

苫野　良質な制限とまったく同じことを、フランスの哲学者[※41]ジャン＝ジャック・ルソーが言っています。教育の一番大事な目的は、子どもたちが自由になって、自ら生きたいように生きられる力を育むこと。じゃあ、そんな力を育める環境はどんな環境かというと、「よく規制された自由である」と言っているんですね。それは、ちゃんと守られていて、安心して失敗もできるような環境です。野放図な自由は怖いですよね。失敗すると、簡単に「お前の責任だ」

※41　18世紀フランスの哲学者で、フランス革命や後世の哲学者に大きな影響を与えた。著書『エミール』でルソーが理想と考える教育論を著している。

となってしまう。「よく規制された自由」の中では、自分の自由を存分に行使できる。そんな安心してチャレンジできる環境をつくることがとても大事だよとルソーは言っています。

佐藤　なるほど。家庭ごとに自由のレベル感はあるでしょうが、レベル感についてちゃんと考えたことがある人は少ないかもしれませんね。うちのように自由度が高い家は、あえて今月はレベル5からレベル4にしたらどうなるか試してみたり、自由度が低い家は、今の状態をレベル2とするとレベル3にしてどうなるか1か月実験するとか。いろいろ試してみると、面白いかもしれません。

ちなみにうちのよく規制された自由は、「いつでも遠出してOKだけど、子どもの位置情報だけは把握する」ですね。小5長男はひとりで自転車に乗ってちょっと遠くの店まで行ったり、買い物に行くのはOKにしてるので、土日はけっこうひとりでお出かけしています。でも危機管理として子どものスマホの位置情報がわかるアプリ[※42]（Life360）を入れています。何か工作した

※42　今どこにいるかが、友だちや家族と共有できるアプリ。

い・調べ物したいときに、百均や本屋に行ったり自由に動けることで、子どもの興味は阻害しないけど、どこに行ったかはまだ把握させてもらう。というのが、落としどころかなと。

子どもと対話しながら決めていく「伊那小学校」のすごさ

苫野　良質な規制は、子どもと対話しながら決めていくといいと思うんですよね。ルールも何でもそうですけど、親が一方的に決めるんじゃなくて子どもと一緒に対話して決めると、責任の所在を子どもも分け持つことになります。宿題も「やりなさい」と言われると子どもは責任が自分にあるとは思わないですが、自分で決めてこれをやるんだとなると、自分がその責任の主体になっていきます。

佐藤　そうですね。

苫野　よく規制された自由の具体例であり、先ほどの子ども観の話にもつながるのが、総合学習でとても有名な長野県の伊那市立伊那小学校です。[※43]伊那小のすごさは、子ども観が本質的であることです。「子どもは自ら求め、自ら決め出し、自ら動き出す力をもっている存在である」というのが伊那小で長く受け継がれている言葉です。この子ども観を先生たちが徹底的に共有しているんですよ。普通の公立小なので先生はどんどん変わるんですけど、続いているんです。それは対話の文化がしっかりしていて、この子ども観をベースにみんなで徹底的に「自分たちのやっている総合学習は、本当にこんな子どもたちの姿が見られる学習になっているか？」をいつも振り返っているからです。〝教師の出〟という言葉があって、これは「教師がどれくらい出るか？」を指しています。もちろん、時に出ることも大事です。今出て行くことで子どもたちの学びが一気に活性化する場面はあるので。でも、出過ぎると子どもの力を削いでしまうこともある。この教師の出のバランスもいつも先生たちで議論しているんです。本当にすごいですよ。

※43　長野県にある公立小学校。60年以上通知表がなく、固定した時間割やチャイムもない。今、注目を集めている探究型学習を40年以上前から実践している。

佐藤　伊那小のことはインタビューでもお話しされていましたけど、そういうことなんですね。

苫野　佐藤さんがおっしゃっていた、構成された探究学習みたいなのとは全然違うんですよ。何をやるかもどうやっていくかも、全部子どもたちが話し合いながら決めていく。もちろん教師の願いはあって、教師の願いと子どもたちの願いが対話を通して、「じゃあ、こうしていくと面白いかもね」と前に進んでいく。そういう常にダイナミックな動きの中で総合学習が続いていきます。これは、本質的な子ども観を持って腑に落ちるまで考え抜いたことの結果なのかなと思います。

「悪そうな学び」「壮大な勘違い」の素晴らしさ

苫野　子どもたちが自分の人生を生きていると感じられる、百均に行って自由に動き回れる。これはものすごく大事なことだと思いますね。

※44　東京大学先端科学技術研究センターの中邑賢龍らが2014年から展開した、突き抜けた才能があり、なおかつ志のある子どもを発掘するプロジェクト。（現在はLEARNプロジェクトに移行）

「異才発掘プログラムROCKET」[※44]を長らくやってこられた、東京大学の中邑賢龍《なかむらけんりゅう》先生が、今は新しく「LEARN」[※45]という学びの場をつくられています。ここに「家出プログラム」というのがあるんです。申し込んだ子たちが駅などに集まって、長時間家出するというものです。ひとりで行動してもいいし、他の参加者と一緒に行動してもいい。ミッションもあって、スマホなどは使えないという制限もあります。佐藤さんの息子さんが、百均にひとりで出かける話で思い出しました。こういう経験って、「自分はこういうことができるんだ」という力になりますよね。

佐藤　「家出プログラム」みたいに悪い感じが入っている学びコンテンツっていいですね。ＴＥＤ[※46]の中に天才スリ師はどうやってスリをやるかというめちゃくちゃ面白い動画があったんです。長男はＴＥＤにそんなに関心がなさそうだったのが、その動画でグッと入っていましたね。
　あと、家出してみて「自分はここまで出られる」という感覚はその通りだと思います。よく家族と話しているのが、壮大な勘違いをどんどんつくって

※45　異才発掘プロジェクトROCKETから移行した新プログラム。突き抜けた才能を持つ子どもから、勉強嫌いや無気力な子どもまで広く対象として、さまざまなアクティビティプログラムを全国各地で展開している。

※46　非営利団体Technology Entertainment Designの略称。世界中の著名人による講演会を開催・配信している。日本でもライセンスを受けた「TEDx Tokyo」といった講演会が開催されている。

いくのがけっこう大事なんじゃないかということです。たとえば僕が子どもの頃、よく漫画を描いていたんですが、自分ではよく描けるほうだと思っていたんです。ある種の思い込みで「できる」と思っていたら、気づけばデザイナーになっていた。相対的に見れば大してできていなかったとしても、勘違いを膨らませていくと自分を押し上げる力になるということはあると思います。

苫野　多くの子どもたちは、早い時期から比較されて競争させられるので、壮大な勘違いをしてそれを楽しむ機会を奪われているのかもしれませんね。なんでもいいから面白いこと、勘違いでもいいからやってみるという経験が、幼少期からいっぱいあってほしいですよね。あと、子どもはちょっと悪いにおいのすることが大好きじゃないですか。私の子どもたちも、「今日は悪いことしに行くんだ」と言っていたことがありました。校区内で行っちゃいけない場所に友だちと行ってみるという話だったんですが。「〇〇ちゃんと行くんだ」と言っていたので、「おお、行ってこい行ってこい!」と送り出しました。

お手紙禁止の衝撃

苫野　今、学校ではいろんなことが禁止されています。私がびっくりしたのは、「お手紙禁止」というルールです。友だちの悪口を書いて、トラブルになるからと。でも、お手紙を禁止したいと本気で思っている先生はいないはずなんです。子どもの学びの機会や、トラブルを自分で解決する経験を積むことが大事だと教育者なら痛いほどわかっているはずなのに、トラブル回避が最優先になるのが、今の多くの学校で起こっていることなんですよね。これは一にも二にも対話がないことが原因で、私たちの学校は何を大事にすべきなんだろうということを、先生と子どもと保護者が対話を重ねていれば、こんな非本質的なことは起こらないはずなんです。

佐藤　うちも小学校で似たようなことがありました。子どもが学校で納得いかないことがあって、それについて話し合った結果、子どもが改善プランを校長先生に伝えたいと言い出したんです（笑）。面白いから、それならプレゼンしたらどうかという話に。企画書ってものがあって、パワポ[※47]や Keynote でつくれるよとか、教えたりして。直前に政治の話題で、いろんな問題に対してどう変えたらいいかという話になっていたのもあったと思うんですが。

苫野　佐藤さんは、対等な存在としてお子さんと接していますよね。「どうしたらいいと思う?」と聞いていくと、「企画書を出したらいいんじゃないか」というように出てくるわけですよね。対話して初めて〝らしさ〟も出てくるし、力が発揮される。

吉田松陰は子どもをとんでもなく大人扱いした

苫野　ふと思い出したんですけど、吉田松陰[※48]は思想的には賛否両論ある人ですが、子どもをとんでもなく大人扱いした人なんですよ。

佐藤　へえええ。

※47　パワポはMicrosoft Power Pointの略で、プレゼンテーションソフト。Keynoteは iOSに標準装備されているプレゼンテーションアプリ。

※48　江戸時代末期に活躍した長州藩の武士。思想家、教育者。

苫野　そのへんの農民の子どもに「君、これからのわが国はどうすべきと思うかね」と問うて、天下国家を語らせたんです。

佐藤　松陰の松下村塾《しょうかそんじゅく》[※49]はそういう流れでできているんですね。

苫野　そんなふうに問われると、一気に引き上げられますよね。子どもたちと哲学的な話をしていると、食いつく子はめちゃくちゃ食いつくんですよ。かなり高度な話もします。ただここで大事なのは、食いつかない子やアンテナに引っかからない子も当然いて、それはそれでいい。学校で講師を呼ぶと、関心のあるなしにかかわらず強制的に全員参加になるじゃないですか。「せっかくゲストが来たんだから話聞け！」みたいな。そういうのはいらないと思うんですよね。来たい子だけ来たらいい。「でも、触れれば何かチャンスになったかもしれない子の機会を奪うことになるんじゃないか」という人もいます。確かにそれも一理あるんですけど、そうとも言えない。これは以前一緒に本を出した工藤勇一[※50]さんがおっしゃったんですが、「後悔するという経

※49　吉田松陰が現在の山口県萩市に開いた私塾。高杉晋作、久坂玄瑞、伊藤博文、山縣有朋などの著名な門下生がいる。幕末から明治期に活躍した人材を多く輩出した。

※50　教育者。現在、横浜創英中学・高等学校校長。２０１４年に千代田区立麹町中学校の校長に就任し、子どもの自律を中心に据えた教育改革を行って一躍有名に。苫野さんとの共著『子どもたちに民主主義を教えよう　対立から合意を導く力を育む』（あさま社）がある。

験も大事だ」と。講演に興味がなくて聞かなかった子どもが、他の子たちが「めっちゃ面白かった！」と言っているのを聞いて「行けばよかった」と。後悔することで、次の機会があれば行こうとか、あるいは自分から訪ねて行こうと、次の行動につながることもあるかもしれません。それも、子どもを一人前に扱うということだと思うんですよね。

工藤勇一さんとの共著『子どもたちに民主主義を教えよう　対立から合意を導く力を育む』（あさま社）

自分のバイアスを疑い、いろんな事例を知ること

佐藤　僕はリファレンス、事例の数も大事だと思っています。自分と周囲の事例はあくまでバイアスのかかったn＝1に過ぎない。吉田松陰の話もですけど、

事例をたくさん知っていると広い視野が持てますよね。

たとえば、子どもは学校の勉強をすることがメインの仕事で、仮に今、その子にやりたいビジネスアイデアがあっても、それをつくるのは大人になってから、という思い込みはあるはずです。でもそのときに「19歳でイーサリアムという仮想通貨を考案したヴィタリック・ブテリンは17歳のときからビットコインを研究していたんだよ」と話すと、子どもも「えっ!? そんな早くからやっていいんだ!」となる。僕たちは事を成すのは20代以降と思っているけれど、今はテクノロジーの進化により、10代からバンバン事を成すことが可能な世界になってきてる。常識と思っていることも、いろんな事例を聞くとまた変わってきますよね。

苫野　今のお話は教師の出ならぬ、親の出ですね。そうやっていわば発破をかけるような出方も大事ですよね。自分の言っていることはバイアスがかかっているということをいつも振り返っているというのも、すごい姿勢ですよ。むしろわれわれは信念を補強したくなるから、自分に都合のいい情報ばかり集めて安心したがります。佐藤さんみたいに「本当にそれでいいのかな？」というマインドがあることが、子育てにおいてとても大事。私も意識し直さないといけないですね。

親がブレてしまうとき

佐藤　僕が子育てについて取材を受けたら、「子どもがゲームばっかりやってても大丈夫。そこで学べることは多いし、何かに夢中になることこそ尊いこと」とか言うと思うんですね。実際にそう思っているし。でも、たとえば長男が1日中ゲームばかりやっている姿を1週間くらい目撃すると、「おいおい、ちょっとは勉強したら？」とたぶん言ってしまう。ブレることはけっこうある。苫野さんは、そのへんの話をどう思われますか？

苫野　私もまったく一緒ですよ。小3の次女はめちゃくちゃ勉強嫌いなんです。宿題はやらないし、先生に何を言われても平気。3年生ですが1、2年生の漢字もあやしくて。その子が友だちに「お手紙を書きたい！」と真剣に手紙を書いたということが、親としては嬉しかったんですよね。あんなに勉強が嫌いな子が、漢字を書けるようになりたいと思ったんだ……と。だから、学校の「お手紙禁止」のルールは本当に悲しいです。その娘にもいつも、「遊びまくれ」とかですね、「やらされることで人にコントロールされちゃいけないよ」ということは言っている。そのくせ、「小学校の学習はなんだかんだ大事」とも言っていて、「何言ってんの」と言われています。

佐藤　そう、「なんだかんだ言うじゃん」ってなりますよね。

やっぱり対話

苫野　やっぱり対話なんですよね。「自分はこう思うけどあなたはどう？」という対話。「小学校の学びは大事。ただ、勉強はやらされるもの、楽しくないものと思うのはとてももったいないから、自分が主人公になったほうがいいと自分は考えるけど、あなたはどう?」と話をしていると、「確かにね。じゃあ、自分がちゃんと責任持ってやろうかな」という感じになっていく。ま、それでもやらないんですけどね（笑）。そういう対話を通して、理解しあえる答えを見つけていくことを意識していますね。

佐藤　「学校の勉強も大事だけど、やりたいことをやったほうがいいよね」が上回る瞬間があるじゃないですか。でもリアルな子どもの姿を目にして、「やりたいことをやったほうがいいって言っていたけど、学校の勉強をふつうにやれと言っている」自分に矛盾を感じることがあったんですけど、やりたいことをやることが大事じゃないという話をしているわけじゃない。

教育の専門家であっても……

佐藤　勉強をまったくしていなければ、「勉強もやろうよ」と思うこと自体はおかしくなくて、あとは単純にどうコミュニケーションをとっていくか。「いや勉強も大事だよね」と伝えるとき、苫野さんならどんな言い方をされますか？

苫野　そうですね、やっぱり「自分はこう思うけど、あなたはどう？」で、お互い納得できるところに着地していくことを意識はしていますけど、いやぁ、そんな簡単な話じゃないですよね。中1の長女のスマホもそうで、時間のルールがうやむやになってしまいました(笑)。電源オフの時間を一緒に決めて、長女は自制心のある人なんですけど、それでもそうなってしまう。そんなとき、どう話をするかは悩みますね。「あ、この言い方は小言っぽいな」と悩みながらですね。ただやっぱり大事にしているのは、押し付けないこと、お互いが納得すること、そして子どもが責任主体になると子ども自身が思えること。これを意識してやっているところですかね。

佐藤　ああわかります、小言になってしまうことはありますもんね。

苫野　小言っぽく言った後は、「ああ、やっちゃった」と思うんですけどね。

佐藤　苫野さんもそうなら、安心できます（笑）。

トータルで見る

佐藤　自分自身のことなら1週間すごい自堕落な生活しても、仕事をけっこうサボる週があっても、年間トータルでOKならいいやと思えます。でも子どもの勉強とか生活となると、急に小言が増えたり、ミスらないよう力が入ってしまう人も多いのかもしれません。ほんとは、ゲーム漬けの1週間があっても、不良になっても、トータルでバランス取れてれば何も問題ないはずなのに。

苫野　「トータルで」というのはすごくいい考えですよね。几帳面であればあるほど、どの瞬間も完璧じゃないといけないと考えて、できないと落ち込んでしまいます。それに、確実なトータルもないんですよね。こうすればうまくいくという正解はない。だから、「親は無くとも子は育つ」くらいの考えも大事だと思う。

佐藤　さっきの可塑性ですね。

苫野　親が意図した通りに育つわけではないですからね。ただ、やっちゃいけないことはあると思うんですよ。暴力をふるうだとか、存在を否定するとか。そうでなければ、子どもに自ら育つ力があることを信じていればいいのかなと思います。

佐藤　自分の中のあるべき親像があると、余計に「こうしなきゃ」が増えてしまうところがあると感じています。情報リテラシーの高いこの本を読んでくれるような方も、意識を高くするがゆえに、そういう罠にはまっていくことがあるんじゃないかと思います。だから、子どもの可塑性の話はとても勇気をもらえました。

苫野　今日は楽しい時間でした。ありがとうございました！

（対談日　2023年1月18日）

対談を終えてメモしたこと

●難しいと決めつけず、子どもを大人扱いすること
●脳には可塑性があって、人間はいつだってやり直せる。トータルでOKという鷹揚さを持とう
●遊びと学びは連続していて、遊び浸った経験がある子は、やりきる粘り強さが身についている
●子どもが思いっきり挑戦できるけど、安全性は保つ「よく規制された自由」が大事
●やっぱり対話。親が一方的に押し付けず、子どもに責任主体を持たせること

「可能性の担保」があり、自分の欲望をわかっていれば心配ない

鳥羽和久　とば・かずひさ

教育者、作家

1976年福岡県生まれ。専門は日本文学・精神分析。大学院在学中に学習塾を開業。「寺子屋ネット福岡」代表取締役、「唐人町寺子屋」塾長、単位制高校「日本航空高校唐人町」校長。無時間割授業、中学生向けの国語塾、高校生の哲学対話など、小中高生向けに特色ある授業を展開。著書に『親子の手帖〈増補版〉』(鳥影社)、『おやときどきこども』(ナナロク社)、『君は君の人生の主役になれ』(筑摩書房)、『「推し」の文化論　BTSから世界とつながる』(晶文社)など。

「ねじさんがやっていることは欲望形成支援です」

佐藤　鳥羽さんはずっと小中高生の塾を運営しているので、思春期の子どもたちとたくさん接していらっしゃいますよね。その体験をもとに、親子関係や思春期の子どもに向けた本も何冊かお書きになっています。僕は子どもが小5と4歳で、ちょうど長男が思春期に入ってきたこともあって、いち相談者みたいになってしまうんですが……。

鳥羽　Web上で読めるねじさんの記事をいくつか読ませてもらって、すごく面白かったです。精神看護の分野に「欲望形成支援」という言葉があるんですが、ねじさんはそれを素でやっているんですよね。欲望形成支援というのは、意思決定より前の段階にあって、まず本人が欲望を見出して意思決定につなげるまでのプロセスをサポートするというものです。たとえば三者面談で、親がため息をつきながら「うちの子はやる気がないんですよね」と、子どものダメ出しをする場面があります。でも、これではやる気のない自分を内面化※51

※51　社会や集団が持つ価値観や規範、思想を、自分にとって当たり前のものとして取り込むこと。

させて下を向かせることしかできません。本当にやる気を出してほしいなら、子どものそばで、本人はあえて交えずに大人たちが半ば無責任に「この子はこういうのが向いているかも」「こういうところが面白いよね」と、ただその子について雑談したほうがいい。「〇〇高校はこういう特徴があるから、この子に合うかも」とか。必ずしも精度が高くなくていいんです。当てずっぽうでもいい。子どもが「私のことを変に下げないで話してくれている」「話を聞かせることで僕のことを試そうとしているわけじゃない」と思うことができて、ある程度耳を傾けてくれるような話をしていくと、不思議とうまくいく。それまで高校のコの字も出なかった子が、〇〇高校に行きたいとか言い始めるんですね。子どもに必要なのは、「なんでこの子には夢や目標がないんだ」とくさすことではなく、親や周りの大人が、何かが生まれる場をつくってそこに立ち会うこと。その文脈でいうと、ねじさんがやっている「5歳児が値段を決める美術館」[※52]、「小1起業家」なんかはとても興味深いです。

佐藤　今回いろんな方とお話しして、新しい言葉をいただくことが本当に多いんで

※52　https://five.blue-puddle.com/

すが、今また新しい言葉をいただきました。僕は自分の家庭しか知らないので、他の子にも起こりうる普遍的な言葉で解釈していただけると、自分のやっていることがよりはっきりする感覚があります。

「二択で迫る手法」の良し悪し

佐藤　僕の周りでは、「うちの子やる気なくて」とか「目標がない」と子どものことで悩む話はあまり聞くことはなくて。たまたまかもしれないんですが。鳥羽さんが普段接している範囲では、そういう感じの方はけっこういらっしゃるんでしょうか。

鳥羽　そういう親がデフォルトです。

佐藤　そうなんですね。

鳥羽　しかも、今は選択肢がいろいろある多様化した社会というのがまた話を複雑にしています。今の親は一応選択肢を与えるし、少なくとも与えるふりはするんですよね。「あなたはAとBのどっちがいい？」と聞いて、子どもが「Bがいい」と選んだとします。本人は自分で選んだ気持ちになるんですが、親が「AとB」と言った段階で実は可能性が限定されている。さらに、選んだからにはあなたが責任持ちなさいと責任まで負わせる。それでうまくいかなかった子どもは、選択に対する自信を失っていきます。だから、自由に選べることがむしろ今の若い人たちには閉塞感や自信のなさを与えている感じがすごくするんですよね。

佐藤　人を追い詰めるときに、二択に絞って誘導していくというやり方があるんですけど、それと似ています。下の子がイヤイヤ期のときに、そのメソッドを使っていたことがあって、奥さんにこれは使えるぞと話したことがあります。

鳥羽　そこらへんが微妙なところで、だからダメという話でもないんですよね。無自覚にやっていて、しかも自分を正当化する材料にしているたちの悪さが問題で。必要に応じて戦略として使うのはありだと思うんですよね。

佐藤　どこでどういうつもりで使うのかに自覚的であることが大事なんですね。

「結果的に」学ぶのが本来の学び

佐藤　やる気がない目標がないように見える子は、かなり抑圧されているというか、親の正しさにがんじがらめにされているケースが多いんですか？

鳥羽　中高生の学習指導をする多くの塾や予備校では、小学受験や中学受験を通して、すでに学びとの出会いを間違ってしまった後の子どもたちを、どのようにケアしながら指導を進めたらよいのかということが重大な課題になっている現場が多いです。ねじさんが、あるインタビューで、「結果的に学ぶ」というような言い方をされていましたが、学びは基本的にそういうものであるはずなんですよ。いろいろ面白いことをやっていて結果的に学びになるのが理想なのに、現実は全然そうなっていないですよね。ただ学びなさいと言われて、本人に動機も欲望もないままなんとなくやらされてしまう。このような、人生の先回りをするような学びが、子どもたちの学びへの興味、さらにいえば生きることへの興味さえ奪うことになっていると思います。

子どものやる気を生むヒントは「ファシリテーター」？

佐藤　一方で、学びとの出会いを間違ってしまった後でも、変わっていけなくもないパターンもいっぱいあるんじゃないかとも思っています。僕らだって抑圧されながら大きくなったけれど、やり直しがきくところもある。学ぶことを楽しいと思ってない子でも、学びが楽しくなるような変化が起こるパターンはあるんでしょうか。そもそも、変わっていくものなんでしょうか。

鳥羽　それは本当に、その子の状況とタイミングによりますね。同じ環境を与えても出会う子と出会わない子がいて、うちの塾[※53]に来ている子たちの中でもいろんな反応があります。まったく同じ授業を受けても、まったく違うものを得て卒業していくので、個別的な話しかできないですね。

佐藤　そこをまさに聞きたかったんですけど、この本を読んでいる人は「好奇心がある子はいいけど、結局うちはどうしたらいいんだろう」と思うだろうなと。何かいいテクニックはないかと。

鳥羽　難しいですね。ねじさんがインタビューでブレストの話をされていましたけど、ブレストは一般にとにかく量をたくさんやって何かキャッチできればいいと捉えられがちですが、それだけではうまくいかない。ファシリテーター[※54]的な働きがどうしても必要です。そこをねじさんは明確に意識しながら、すごく巧みにコントロールできる方なので、私はすごく興味を持ったんですよね。

※53　鳥羽さんが大学院在学中の2002年に開校した学習塾「唐人町寺子屋」。

※54　集会や会議、プロジェクトなどをスムーズに進め、議題に沿って参加者から意見を引き出して整理し、目的達成のためにサポートする役割を担う人のこと。ここではブレストをまとめる指揮者の意。

佐藤　ファシリテーターという言葉は、腑に落ちます。どういう方法がいいかと言われれば、そりゃ人によるよという話になりますが、ファシリテーションが大事だと言われたら納得できる。ファシリテーターというのは、たとえば会議で全然アイデアが出ないときに、その場の空気や顔ぶれを見ながら、アイデアが出やすくなるサポートをする役目です。いきなりアイデアを出すのは難しくても、「最近好きなグッズ」みたいな答えやすいお題を投げかけてみて、みんなの頭を活発にしていく。

鳥羽　そうですね。今回の本は、そういうヒントをたくさん提示するものになれば面白いですよね。私としては、すでに実践的なファシリテーションをやっているねじさんからいろんな質問をされるのは不思議な気分で、ねじさん、もうやってるじゃんとさっきから思っていたわけですが（笑）。

佐藤　今みたいに鳥羽さんが僕にピンとくる言葉で話してくれるのは、「言語を合わせる」っていうことですよね。「翻訳こんにゃくする」という言い方でもいいですけど。たとえばうちの長男なら、今は「スプラトゥーン」[※55]にとてもハマっているので、スプラトゥーンの用語や世界に置き換えて話をすると、耳がピンとなります。

子どもはどこかで引っ張られたい

佐藤　長男が小5で思春期に入ってきたという話をしましたが、親が何か言うこと自体に対して壁をつくられる感じが出てきていて。

鳥羽　いい傾向ですね（笑）。

佐藤　最近、子どもが学芸会の出し物をやるというので、お笑いや舞台について紹介したいなと思ったんですけど、それを真正面からやりすぎると逆にウザがられるんだろうなと。なので動画でいろんな作品を見せるのではなくて、一緒にお笑いライブに行ってみたりして。それでちょっと興味持ってくれたよ

※55　2015年に任天堂から発売されたアクションシューティングゲーム。インクを撃ち合って陣地を広げたり、敵を倒したりして戦う。プレイヤーキャラはヒトかイカに切り替わるインクリング。2、3とシリーズで発売されている。

うですが。それが思春期の子どもと親の関係なんですかね。小学校中学年くらいまでならいろんな方法で関われるけど、思春期は声が届きにくい距離感になるというか。

鳥羽　5年生というのが、めちゃくちゃリアリティありますね。やっぱり10代になってからなんですよ。

佐藤　まさに10歳からですね。鳥羽さんの塾に来ている子どもたちだと、どんな感じですか？

鳥羽　塾は、教える教えられる非対称性が

鳥羽さんの運営する塾「唐人町寺子屋」の夏合宿での授業の1コマ

前提にある場所なので、そういう意味ではやりやすい空間なんですよ。先生と生徒もフラットな関係がいいというのが今どきの話で、その関係性は幼い子どもとの間では有効なときがあります。でも、10代になった思春期の彼らの自我をどう刺激するかを考えると、むしろ非対称性を生かすことこそを考えなくちゃいけなくなるんです。

佐藤　なるほど。

鳥羽　教育者としてのいやらしさみたいなものをあえて発揮して、先生然として振る舞う。あなたが知らないことを私は知っていますよ、あなたが知らないあなた自身のことを私は知っていますよ、という振る舞いをするんですね。そうすると、「この先生は話を聞く甲斐があるらしい」と、その子の欲望をかきたてることになる。それを親子関係にそのまま適用できるかどうかわからないんですけど、大人としての謎があるという状態は、子どもにとって大事なんだろうなと感じています。

佐藤　それでいくと、長男はサッカー教室に通っていて、コーチの言うことへの理解度はとても高い。子どもってそういうところがありますよね。

鳥羽　子どもたちは、権威者に対して反発するのに、逆に従いたいという欲望もあるんですよ。

佐藤　なるほど〜。

鳥羽　引っ張られたいという欲求ですね。だから、思春期になると親のことがちょっと物足りなく感じてしまう。でも、その物足りなさは悪いこととも限らないです。親の文脈から離れて、外の世界で〝先生〟を見つけるのは全然悪いことじゃないですから。

佐藤　今のお話、目からウロコです。僕は完全なる自由は怖いという感覚があるんですが、それを今のお話に当てはめると、権威者がいない状態の怖さなのかなと思いました。

鳥羽　そうですね。だからそういう意味では、親は子どものことを全部理解しようとしなくていいし、突っぱねてもいいところもあると思いますよ。権威者であることと理解者であることは矛盾するようですが、両方の要素が親の中にあってもいいと思うんです。

親子関係を切ってみる

佐藤　うちは今、僕も子どももやりたいことがたくさんあってコミュニケーションの量がどうしても減ってしまうので、苦肉の策として日曜日の午前中にふたりで定例ミーティングをやっています。それも、自宅ではなくてカフェで集合してやるんですよ。父ちゃんと子どもというよりはミーティングする人同士という感じになるので、そのときは関係性が変わる感覚があります。

鳥羽　それ、面白いですね。

佐藤　権威者とまではいかないけれど、親子とは違う関係ですね。

鳥羽　それを戦略としてできる人は本当に稀です。親が子どもに勉強を教えるとケンカになってうまくいかないという相談は多いんですが、親子の関係に依存したままやるとうまくいくわけないんですよ。だから、「親子の関係を切ってください。そうするとうまくいきますよ」と話をするんですが。それって、ねじさんがカフェでミーティングの空間をつくるのと一緒だと思うんですよね。

佐藤　プライベートの親子関係ではいまいちだとしても、もし子どもがビジネス・パートナーだと仮定したら、その面では違う関係性が生まれそうですよね。勉強を教えるときだけ、親子でなく場所を変えて、「塾の先生と生徒」という構造をつくってみるとか……。

自分の欲望がわかっている子は心配ない

佐藤　すごくお聞きしたかったことがもうひとつあります。わが家の悩みでもあるんですが……。僕としては、子どもがハマっているものがあれば自由にやればいいと思っているんです。でも、それがずっと続いているのをリアルに目の当たりにすると、「ちょっとは勉強したら？」という気持ちになってしまう。そう思うこと自体は変じゃないと思ってはいるんですが、それをどう伝えるか。教育の構造として、学校や受験はどうしたってつきまとうじゃないですか。鳥羽さんの塾に来る子たちは、全体としてはどこかしらの学校に行きたいという枠の中で、勉強しに来ていますよね。探究学習的な視点からすると、5教科的なところにハマらない夢中がある子も肯定的に捉えますが、本当にそれで大丈夫なんだろうかと心配になる気持ちもわかるんです。そのあたり、鳥羽さんがどう思われるか聞いてみたかったんですよね。

鳥羽　不思議なことに、やってることがほとんど同じでも、心配な子とそうでない子がいるんですよね。そういう子の中で、部屋に閉じこもっている割合が高くて、親や社会に対する恨みをため込んでいるような場合はどうしても気になります。一方で、普段はマイクラの世界に住んでいて、でも塾の国語の授業だけは来る子がうちの教室にいましたが、その子のことは全然心配ではありませんでした。なぜかといえば、この子は別に5教科を全部勉強しなくても、誰のせいにもせずに自分なりに考えてやっていくだろうという予感みたいなものがあったからです。自分の欲望に信を置いている感じがある子については何も心配もいらないなと。逆に、大人の先回りのせいで、自分の欲望がわからなくなってしまった子は心配です。そこの違いかな。

佐藤　自分の欲望がわかっている子は大丈夫……。確かにそうですね。

大事なのは「可能性の担保」をすること

佐藤　将来の心配を分解していくと、結局自分は何を心配しているのかわからなくなることが僕にはあります。そもそも何が失敗で何が成功かはわからないし、子どもの将来というのが何歳から何歳までを指しているのかはっきりしない。だとすれば、心身の健康や人間として必要なベースがあれば、今ハマっているものをやっていけば問題はないはずなんですよね。でも、目の前の子どもがまったく勉強しなくなると不安になるのはなぜなんでしょうか。

鳥羽　可能性が欲しいということがベースにあると思います。たとえば私たちがお金を欲しがるのは、お金自体ではなくて、お金が持つ交換可能性が欲しいから。可能性を担保したいという欲求はとても大きい。その意味で、勉強したほうがいいというのは、いまだに実効性がとても高い担保なのだと思います。

佐藤　確かに。では、勉強以外でも何らかの可能性の担保ができれば、道は広がりますよね。

鳥羽　そうです。他の可能性があれば何も問題はなくて、親子で不健康な精神状態にもならないで済みますね。

佐藤　今の話でいくと、ハマることはつまり可能性が広がるということになりますね。ハマるものが全然大したことじゃないとしても、やっていれば思いがけない何かになることはありますよね。

鳥羽　そうですよね。だから、大人が偉そうに言う「それをやっても将来性がない」みたいな言い方はめちゃくちゃ近視眼的だと思いますよ。まったく想像がつかなかったところに飛躍できる可能性は全然ありますから。

佐藤　今回の対談で出会った、ドラマーのＹＯＹＯＫＡさんも自学ノートの梅田くんも、ひとつのことをやりながらも視野がすごく広かったんですよね。

教育を、ボードゲーム「可能性の担保ゲーム」で想像してみる

佐藤　今の可能性の話をボードゲームでたとえると、何の種類のカードをためていくかで勝敗が決まる、戦略系ゲームに似てますね。全種のカードを集めるのは無理なので、武器系のカードをメインで集めていく人、お金系、魔法系、農業系などに絞る人。戦略がなく、なんとなくカードを集めていくと、負けたり。逆にあんまり良いカードを集めてなくても、他人と全然違う戦略カードを集めていたことで勝ったり。何が成功で、何が失敗になるかわからない。教育を「可能性の担保ゲーム」と考えた場合、勉強カード集めは万能な戦略かもしれないけど、世界にはもっといろんな種類のカードがあることは知ったほうがいいのかも。プレイヤーとカードには相性があって、その子と合うカードを集めると、定石ではない戦略でも、めっちゃ強い効果を発揮したり。

鳥羽　面白いですね。うちの塾は5教科を教えてますけど、勉強カード集めにハマりにくい子たちも寄り道できるように塾の1階に書店[※56]やイベントスペースを

※56　「唐人町寺子屋」が入っているビルの1階にあるショップ&イベントスペース「とらきつね」のこと。「モノにはヒトを変革するチカラがある」をコンセプトに、本、CD、文房具、小物、食品などを販売しながら、さまざまなイベントも開催している。

つくっています。だから、今の話はすごくわかります。

佐藤　本当に、鳥羽さんのところの塾はいいですよね。5教科戦略という大きくて太いルートもありながら、その周辺のところもあるというバランスがすごくいい。

鳥羽　あと、その5教科のレールに乗っている子たちにとっても、「あっちもあるんだね」と目配りできるのはとても大事だと思うんですよ。違う空気も感じながら自分の道を歩くことになるので。

塾が入るビルの1階にある「とらきつね」。さまざまなイベントが行われることも

佐藤　うちは、今は塾に通っていませんが、算数が好きなんですね。受験でも点数を上げるためでもなくって、ズバリ探究学習とも違う、そのへんが混ざった感じでワイワイやれる場所があったらいいなとよく思うんですけどね。

鳥羽　そういう塾は、なかなかないかもしれないですね。

5教科に分けるのは不自然

佐藤　この本に興味を持つ人は、探究学習とか子どもがやりたいことをやればいいという傾向があって、それはそれでいいんですが、同時に塾に行くことが悪いわけではない。自分で歩いたほうがいい道と、メンター[※57]がいたほうがいい道があって、そこは柔軟に使い分ければいいのかなとも思うんですよね。

鳥羽　そうですね、出会う順番はいろいろですから。でも最近は、そのあたりうまく目配せできていて、たとえばマイクラの現実とリアル世界の現実をてんび

※57　英語のMentor。日本では助言者、恩師、指導者と訳される。対話や助言で対象者をサポートし、手本になるような人を指す。

んにかけながらうまくやっている子がけっこう増えてきた感じがあります。

佐藤　僕も「5教科」と散々言ってきましたけど、そもそも5教科というくくりは雑ですよね。あらゆるところに学びがあるはずで、さっきのマイクラの住人で国語だけ受講する生徒さんじゃないですけど、国語とマイクラが重複する部分はあるはずですよね。なのに、5教科というかたちで区切った瞬間に、こっちは勉強ゾーンで、こっちはマイクラ楽しいゾーンみたいになってしまう。

鳥羽　5教科は恐らく、高等教育[※58]から逆算して生まれたものなんですよね。私は5科目を全部教える人間なので、その便利さや合理性はよくわかってるつもりです。でも、その区分けのせいで窮屈になって面白くなくなるのも事実です。グラデーションになっているというのが本当で、だから不自然なものなんですよ。

※58　大学、高等専門学校、専門学校、短期大学、大学院で行われる教育のこと。日本では、中等教育は中学校と高校を指し、初等教育は小学校を指す。

塾でも学校でもない場所で学びたい

佐藤　長男が小4のときに、私立受験するかどうか話し合いました。結局子どもが今やりたいことがたくさんあって、その3年間を大事にしようということで公立中に行くことにしました。でもその判断をするまで、私立受験の問題集もいろいろ試したり、塾に半年間行ったりはしたんですね。そこには学校で習わない面白い算数があったりして、受験をやめた後も、子どもは趣味的に「スタディサプリ」[※59]をやったりしてるんです。ただ、独学でやるから探究としては楽しいけれど、勉強としてはとても効率が悪い。お聞きしたかったのは、学校や進学塾ではない場所でいわゆる5教科的な勉強をしようとしたときに、どうするのがいいかということです。自分で調べて独学でとなると、方法としてはかなり回り道になってしまう。そこの答えが出なかったんですよね。

鳥羽　確かに独学は回り道が多いですね。回り道で結果的に深い学びを得ることも

※59　小中高生向けの、4万本以上のプロ講師の授業動画が見放題の学習アプリ。個人利用のほかに、学校や自治体で導入しているところもある。社会人の英語学習用もある。

あると思うのですが、むしろ自分のやり方に意固地になってしまうことで先に進めなくなる子どもが多いです。私は塾をやっている人間なので、回り道をしてしまう子どもに対して必要に応じてガイド役に徹することが仕事です。だから、「それも楽しいと思うけど、これを先にやるだけで見える世界が変わるよ」と言いながら、それを実演して驚かせます。それが仕事なので。でも、親子だけで、または独学でそれをやるのは、なかなか大変だろうなとは正直思いますね。

佐藤　意欲があるのはいいんだけど、自己流でやることで、本当はもっと好きになれたかもしれない道から外れちゃう可能性は十分ありますよね。

鳥羽　自己流だと、どうしても世界が開いていかない部分があるんですよね。何らかの形で高次の何かを予感させるようなものが見える状態でやっていれば、独学でも到達できるかもしれないですけど、その予感がないまま手元で手探りするだけだとなかなか難しい。

推しの科目　①社会

佐藤　鳥羽さん的に推しの科目ってありますか？

鳥羽　推し！　難しいな。どれも捨てがたいんですよね。……単純に今の自分がやっている枠内で教えやすい、楽しいっていうのは社会ですね。

佐藤　どんなところが推しですか？

鳥羽　社会科は、その名の通り現実社会について直接アプローチしやすい科目なんです。だから面白い。小学校から高校までの数学や理科は準備段階すぎて、「今は面白くないよ。面白くなるのは大学2年生くらいから」と正直に言わざるを得ないんですよね。もちろん面白いこともたくさんありますよ。でも、学問的には野球の素振りみたいな段階なので。

佐藤　そういうふうに言われるとワクワクしますね。僕は美大だったから、数学は素振りで終わっていたんですね。大学で楽しい数学の世界が待っていると思うと、いいですね。今週の親子ミーティングで使わせてください。

鳥羽　あとひとつ、例として社会科の歴史についていえば、学校では歴史がまるで真実のように語られるきらいがあります。教科書に載っていることはすべて真実であることが前提視されている。フランス語のhistoire《イストワール》が「歴史」と「物語」の両方を意味することは広く知られていますが、日本の歴史教育には前提としてこの視点が欠けています。つまり、歴史は現代から見た過去のコレクションであって、限られたスパンのストーリーなんですね。そこを前提にしないと歴史を教える意味がないと私は思うんですが。こんなふうに、5教科のエッセンスにひとつ前提を加えるだけで、決定的に見え方が変わるんですよね。科学だって確定的な真実として教えるだけでは面白くない。

推しの科目　②国語

佐藤　鳥羽さんのご専門の国語はどうですか？

鳥羽　国語も面白いです。国語の中では、小説も面白いですが、案外評論が面白いですよ。なぜ評論が面白いかというと、評論って基本的に書いちゃいけないことが書いてあるんですよ。社会通念をそのまま書いても評論にならないじゃないですか。社会通念の逆説を書くのが評論の仕事なので。だから、規範性に対するカウンターとして書かれた評論を、社会の裏側の種明かしをするように解説しながら授業していくのは、とても刺激的です。規範性に従っているだけの子どもはいつまでも自分の言葉を持てません。うちの教室で毎週国語の授業を受けている子たちは、かなりいろんな見方ができるようになっていると思います。小説や散文に関しては、国語の教材に使われている作品は子どもの読解力をバカにしたような作品も多いですが、中には面白いものもあります。フィクションの魅力は非現実ではなくて超現実であるところで、つまり現実以上の現実らしさを目の前に現わしてくれる、現実世界のきれいごとの覆いを外してくれる、そこが面白いですよね。

佐藤　評論は中学校の授業でもあるんでしたっけ？

鳥羽　はい。教科書にはあまり〝刺激物〟は掲載されてはいないのですが。でも、教材を高校入試問題まで広げれば一挙に面白くなります。うちの教室の国語の授業では、ほとんど受験問題しか扱いません。入試問題だと、「こんなの受験生に読ませちゃダメだろう」みたいなことが平気で書いてあります。入試に出題されることが多い哲学者の鷲田清一[※60]は、「今を犠牲にしてまで将来のためにがんばるのはおかしい。そんなことをしていると、過去の実績で生きようとするつまらない人間になる」みたいなことを書いて、それが入試問題になっている。これは受験勉強で今を犠牲にしてきた子どもたちに読ませるのは残酷なようですが、こういう文章を読むことで子どもたちはどうにかメタな視点を手に入れることができるわけです。

※60　現象学・身体論を専門とした哲学者。大阪大学名誉教授。京都市立芸術大学名誉教授。数多くの著書を出している。

佐藤　確かに、そういうのを学校で教えるのは難しいですね。

鳥羽　そういう入試問題は学校がつくっているんですけどね（笑）。

推しの科目　③英語

佐藤　英語はどうでしょう。

鳥羽　英語教育の必要性はやたらと喧伝されがちですが、絶対視しないほうがいいでしょう。最近は英語の学習環境は日々大きく変化しています。最近は、プログラミングをハイレベルにやっている子は自然と英語ができるようになってしまうという現象を目の当たりにして驚きました。

佐藤　プログラミングをやっていると、英語が身につくんですね。

鳥羽　勝手にできるようになってしまう子はいますよ。必要にかられてやっている子たちにはかないませんよね。プログラミングだけじゃなくて、今の英語学習はいろんな入り口があります。

佐藤　英語はわが家も、僕ら親も含めて今からやろうとしているところです。でも、僕はすごく苦手で、どんどん進化しているアプリやツールでもういいやという気持ちもあります。今、子どもは英語に対してどんな感じなんですか？

鳥羽　苦手な子はいまだに、「どうせ私は日本から出ないし」とか言っていますね。海外に憧れを持っていて、英語がしゃべれたらかっこいいと思っている子はすごく多いです。今後、英語を使えるようになりたいかどうかは、英語圏の人や文化と全人的に深く関わりたいかどうかという点に絞られてくるのではないでしょうか。単に情報を得たいだけなら自動翻訳で十分なわけで。だから、英語学習についての正解をひとつにする必要はなくて、アプリが使えればいいというのもひとつの解だと思いますね。

佐藤　僕も自分が英語できないから、英語学習だけはめちゃくちゃ保守的にちゃんと勉強したほうがいいかもって思考になっているんですよね。親が苦手なものって、子どもに教えるときに反映されてしまうものがあるんでしょうね。

鳥羽　それはとてもありますね。苦手だからこそ、自分自身がよくわからなくて不安だからこそ守りに入ってしまう。つまり、あなたは堅実にちゃんとやりなさいと子どもに過度な要求をしてしまうということが起きがちです。逆に、親が「あなたは別に得意にならなくていいよ」という雰囲気を出してしまうことで、子どももそこで止まってしまうというようなことも、正直かなりあります。露骨に、自分より得意にならなくていいと思っているのが伝わる親も、中にはいるんです。自分の人生がみすぼらしいものだなんて思いたくないじゃないですか。だから、自分を超えなくていい、自分と違う人生を歩む必要はないという願望を感じてしまう親もいるんですよね。

大人も勉強する必要があるはず

佐藤　いろんなお話を聞くほどに、鳥羽さんの塾に行きたくなってきます。大人も勉強してみたら面白そう。

鳥羽　それは本当にそうです。子どもには勉強しなさいと言うのに、勉強しない大人の多いこと。勉強しないせいで、大人になっても勉強イコール5科目という認識から一歩も進んでいない大人もいます。私自身は、自分を変化させるために勉強するのだと思っていますが、それを実践している大人が少ないのは寂しいなあと感じることがあります。

佐藤　大人が勉強するとしたら、どんなふうに手をつけていくといいですかね。

鳥羽　無理せず自然に興味関心が向くことを学べばいいんじゃないでしょうか。ただ、大人の勉強というのは基本的に変化を望む人のためのものだと思うんです。書店で本を手に取る大人たちは、頭のどこかで変化する自分の可能性について考えているはずです。となると、現状のまま安定していたい人は勉強しなくていいという話になるのですが、でも厳密にいえば、現実は常に変化しているわけですから、安定のためにこそ勉強をし続けなければならないという側面もあるはずです。でなければ、いつの間にか現実から視線を逸らす大人になってしまうでしょう。

佐藤　鳥羽さんと話をしていると、5教科として話していた勉強とは違うものを触っている感覚があります。今日は本当にありがとうございました。

鳥羽　私もとても楽しかったです。

（対談日　2023年2月24日）

対談を終えてメモしたこと

●欲望形成支援。何かが生まれる場をつくって、子どものやる気を刺激しよう

●子どものやる気を生むヒントは「ファシリテーター」。子どもの興味をサポートしよう

●「親と子」でなく「先生と生徒」の関係になるなど、違う関係性にするほうが伝わることもある

●自分の欲望をわかっている子どもは心配ない

●未来の「可能性の担保」のひとつとして、勉強があるにすぎない

●自分と同じ人生を歩んでほしいという願いが子どもの成長を止めてしまうこともある

●5教科でざっくり分類して「勉強」カテゴリにするから、つまんなくなる

●数学は高校までは素振り、大学から面白くなる

●大人も5教科を学び直したら、コンテンツとして楽しそう

「正しい学力測定と正しい勉強法で急にできるようになる子は多いですよ」親も勉強が好きになる、楽しい話

稲田大輔　いなだ・だいすけ

atama plus 株式会社 代表取締役CEO
東京大学大学院情報理工学系研究科修了（第1期東京大学アントレプレナー道場優秀賞受賞）後、三井物産株式会社に入社。三井物産では、教育事業を担当し、海外 EdTech 投資責任者等を歴任。２０１７年４月に、「教育を通じて社会を変える、そして自分の人生を生きる人を増やす」というテーマを実現するため、atama plus 株式会社を設立。「ＡＩと人のベストミックス」を掲げ、ＡＩを使った学習教材「atama＋」を小中高生向けに開発して、塾や予備校に提供している。

AIだけでは完成しない

佐藤　わが家は小5と4歳の子どもがいて、学び・遊び・将来の話など当事者としてめちゃくちゃ食らっている時期です。恐らく読者の方たちも同じような課題をみんな抱えていると思うので、悩み相談的な部分もありつつ、いろいろお話を聞ければと思っています。

稲田　前提としてまずお話しすると、僕らのプロダクトである「atama +」[※61]を使っていただいているのは小学校4年生から高校3年生で、中学校1年生以上がボリュームゾーンということがあります。なので、小学校の前半にはそんなに詳しいわけではないです。僕の子どもはまだ1歳で、僕自身も悩みながら育てているところです。

佐藤　教育の本は幼児教育が多くて、小学校高学年になってくると受験や進学といった勉強の話になってきてしまいます。この本の真ん中にあるのは「子ど

※61　atama plus株式会社が開発した、AIを用いて個別最適化する学習システム。小学4年生から高校生までを対象とし、塾や予備校などで実際に使うことができる。その生徒がつまずいている部分を解析し、つまずいている大本にさかのぼって最適な学習を提案してくれる。AIは教える役割(ラーニング)に特化し、伴走する役割(コーチング)は講師が担い、AIと人のベストミックスを実現している。

もの夢中」ではありますが、教育についていろんな考え方が並び立っている今、「やりたいことをやればいい」と言いつつも、実際にわが子を目の前にすると、「やっぱり勉強はちゃんとしなきゃ」と思ってしまうそのジレンマとどう向き合っていけばいいのかという葛藤があります。強い思いを持ってAIを使った学習教材を開発している稲田さんだからこそ、違った視点をお持ちではないかという予感があって、お話ししてみたかったんです。atama＋は基本的に塾や予備校でないと使えないんですよね。

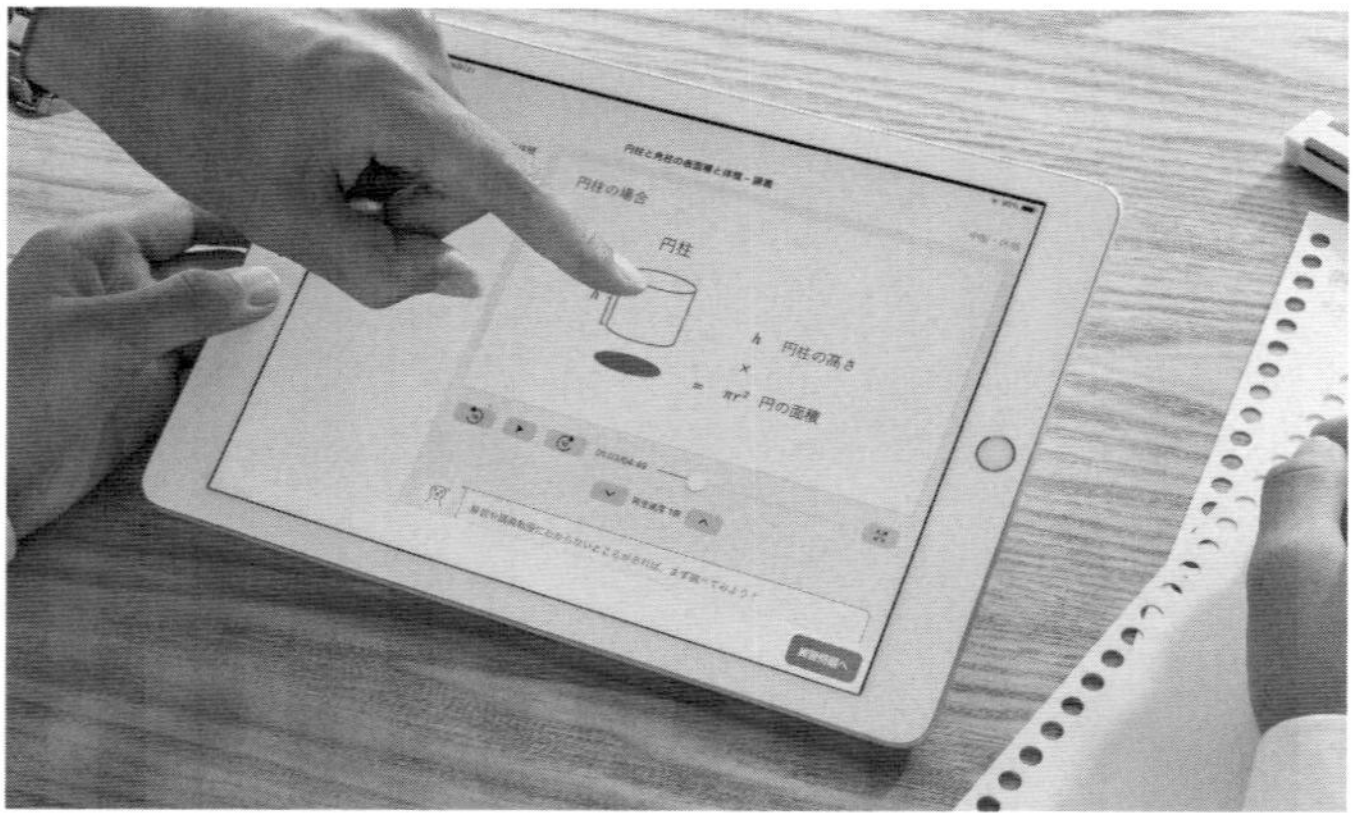

atama＋はタブレットと通信環境があれば学習ができる

稲田　そうですね、メインは塾や予備校です。なぜそうしているかというと、どんなに理想的な教材があったとて、理想的なＡＩがあったとて、それだけで学びは完結しないということがあります。僕らは「ＡＩと人のベストミックス」が現時点での最善と考えています。一人ひとりに合わせて知識を教える役割はＡＩが得意ですが、目標を立てたりモチベートしたりと生徒に伴走する役割は、人の力がどうしても必要です。塾と組むことで、塾の先生方に伴走する役割を担っていただいている状況ですね。教育にがっつり関与できる親御さんであればその役割を担っていただくこともできるかもしれませんが、けっこう大変なんですよ。現実的には、塾で触れていただくのがいいかなと思っています。

佐藤　教材もアップデートしつつ、人の力とセットにすることで初めていい学びは成立する。そこがとても大切なポイントなんですね。

稲田　今までは人が担っていた「教える」という役割がかなり変化します。いずれにせよ、人にしかできないことに人はフォーカスし、AIができることはAIがどんどんやっていくという、その組み合わせが最強のタッグだと考えています。

佐藤　勉強にはHowとWhyがあると思うんですが、Whyを人が担って、Howをatama＋でやっているイメージでしょうか。AI学習といっても、子どもに教材だけ渡して「やっておいてね」というものではないですね。

僕は「どっちも大事派」です

佐藤　うちの長男もそうですが、やりたいことがたくさんあるとか、塾には通わない選択をするとき、勉強の時間配分が課題になります。これまで対談してきた方は、「勉強ばかりじゃないよね」という方が多かったんですが、稲田さんはどう思われますか？　僕は、半分はそう思っているけれど、残りの半分は「とはいえ勉強はしなきゃいけないよね」という思いもあって、グラグラ揺れています。

稲田　ちょっと遠回りになりますけども、そもそものところからお話しさせてください。僕は今から6年前に起業して、そのさらに5年前に教育をやりたいと思って、当時在籍していた三井物産という商社で教育事業を立ち上げました。なぜ教育かというと、「人の笑顔の総量を最大化するようなことをやりたい」と思っていたからです。「幸福って何だろう？」と考える中で、結局人生でどれだけ笑顔だったか、その総量なんじゃないかと思ってですね。それでブラジルに行ってみました。当時の日本はGDP[※62]世界2位の豊かな国だけど自殺率は高い。その真逆の国を見ようと思ったんです。行ってみたら、「社会でいきる力」――僕らは社内でこう呼んでいるんですが、その力がブラジル人をハッピーにしているとわかりました。自己表現をする、好奇心を持っていろんなことをやる、仲間と一緒に働くといったようなことです。

ここからさっきの話につながるのですが、では「社会でいきる力」を高めていけばハッピーかというと、逆の面もブラジルでたくさん見てきました。

※62　国内総生産のこと。一定期間に国内で産み出されたモノやサービスの付加価値の総額で、その国の経済活動を表わす指標のひとつ。

貧困街の人でも社会でいきる力はとても高くて活き活きしているんですが食べる物がない、収入が低いという状況があります。それに、お釣りの計算を暗算でできる人が多くないことに気づいて、基礎学力が低いと、それはそれで不幸だと感じました。社会でいきる力を得ることと基礎学力を持っていること、両方セットじゃないと人はハッピーになれないと思うに至りました。だから、僕はどっちも大事派です。今のメディアが極端に「社会でいきる力」に振れているのは、「基礎学力や受験は悪」という思想が裏にあると感じますが、僕は基礎学力も受験も、それはそれでいいものだと思っています。それもありつつ社会でいきる力を得られるようにする、ちょっと欲張り

2011年1月のブラジル滞在時にカーニバルに参加した稲田さん

な両方取りをしたほうがいいんじゃないかな、と思っています。
でもそうすると時間が足りない。基礎学力の習得をテクノロジーの力で効率化すれば、その分社会でいきる力を学ぶ時間ができる。それで、テクノロジーを使って両輪を取りにいくやり方を考えました。

数学の「確率」が苦手ではなく、「分数」につまずいただけかもしれない

佐藤　限られた時間で基礎学力を身につけるとき、この勉強は必須、ここはやってもやらなくてもOKというような優先度はないのかお聞きしたいです。どうしても勉強をしたくないという子がいたとして、「やらないとダメだよ」とざっくり諭すのではなくて、優先度を整理して伝えられればまた違うんじゃないかという気がしています。

稲田　文部科学省が定めている学習指導要領[※63]に従うなら、学習指導要領で定められている内容は、国民全員が義務教育[※64]の間にやっておいたほうがいいよという

※63　文部科学省が定めている、初等教育および中等教育において各教科で教える内容（カリキュラム）の基準。10年に一度改訂している。日本全国どこの学校でも一定の水準の教育を受けられるようにするのが目的。

※64　国や政府、保護者などが、法律に基づいて、子どもに受けさせる義務を負っている教育のこと。義務を負うのは大人で、子どもにあるのは学ぶ権利。

ものです。しかも他の課外活動と十分に両立できる水準に定められているので、その前提で考えたほうがいいのかなと思います。

佐藤　なるほど。

稲田　国民全員に求めている義務教育の内容については、できないと思い込んでいる人が多いだけで、本来できない子なんていないと僕は思っています。できないと感じるのには大きく2つ理由があります。1つ目は、テストがおかしい。本当はできるのにできないと判定されてしまう。2つ目は、勉強法がおかしい。たとえば数学の確率が全然わかりませんと。これはatama＋でもよくあるケースなんですが、よくよくその子を分析してみると、小学校のときに勉強した分数がわかっていない。分数をわかってない人が確率を勉強しても、永遠にわかるわけがないんですよ。そういう場合は、一度分数をやり直して理解するプロセスが必要です。

佐藤　今のお話は勇気をもらえました。数学のセンスがないのではなく、実は分数につまずいていただけ。そういう、ちょっとしたことで勉強全部が苦手になっちゃうケースはよくありそうです。

学習したことは必ず生きている

佐藤　先日、僕自身が仕事で、小学5年生のテストを受ける機会がありまして。東大や慶應出身の人もいたんですが、僕もみんなもできていない人が多くて面白かったです。こんなに忘れていても大人になって支障なく生活できていると思うと、勉強には実は必要なものと必要じゃないものがあるんじゃないか、と思ったんですよね。

稲田　学んだものが直接的に大人になって活かされるかどうかで判断、というものでもないのかなと思っています。足し算や引き算は日常生活でよく使うので必要だとわかりやすいですね。たとえば……確率になってくると、正直僕も全然思い出せないですし、問題も解ける自信はないです。でも、当時は解けた自分がいて、そのときにその思考を身につけているから、大人になって世の中のいろんな事象に出会ったときに、確率の概念をもとに考えて対応することができている。そのままのかたちでは将来に役立たないかもしれないけれど、学習したことは必ず生きているんじゃないかなと思いますね。

テストと理解は違う？

佐藤　確かにその通りですね。確率の概念や思考のフレームが大事だというのはすごくわかります。先ほどテストがおかしいという話が出ましたが、理解しているのにテストはできないという場合はどうでしょう。先日、長男が日本の都道府県を答えるテストを持って帰ってきて、合っているのに字の間違いで×になっているのを見て、「×だけど○だよな」と思ったことがありました。そういう感じで、点数上は勉強ができないことになってしまう。それで「自分はできないんだ」と思い込んでいくのだとしたら、とてももったいない。

定量的[※65]には勉強はできないけど定性的[※65]には理解できてる、みたいなことはどう考えればいいのかなという思いがあります。

稲田　その場合は「本当はできてるよ」と子どもに伝えてあげたらいいんじゃないでしょうか。テストがおかしいだけなので。ただ、その見極めは難しいですけどね。できる／できないの判定の仕方が間違っているケースは今の教育システムにおいて大いにあると思います。

佐藤　そのあたり、もう少し詳しく聞かせてもらえますか？

稲田　僕はテスト一発でいろんなものを判定するのは、限界があると思っています。それが可能になるには、テストの解答だけで理解度をきっちり正確に分析できるということが前提なので。そのテスト一発で決まる入試を変えていきたくて、立命館大学[※66]と一緒に新しい入試を始めました。atama＋で学習していると、日々の学習データから何をどれぐらい理解できているのかわか

※65　定量的とは数値・数量であらわせる性質を、定性的とは数値化できない性質を指す。

※66　立命館大学は2023年度入試からatama＋を使った全国初の総合型選抜を実施している。受験生は各学部が指定する教科の単元をatama＋で学習・習得する「UNITE Program」を修了することで、対象の総合型選抜に出願できる。https://www.ritsumei.ac.jp/uniteprogram/

ります。日々の「学習歴」からできる／できないを判断して入試に生かす仕組みです。

佐藤　勉強に関してテストの点数でしか評価されない現状が、今おっしゃっていた学習歴を見るというように幅が出てくるといいですよね。

正しい学力測定と正しい勉強法

稲田　atama＋を勉強してくれている子たちの中には、ずっと自分はできないと思っていて親に無理やり塾に連れてこられた生徒さんもいっぱいいます。でも、正しく学力測定し正しい勉強法で勉強すれば、急にできるようになっていく子たちはたくさんいるんですよ。自分も勉強できるんだと気づいて、atama＋で勉強している教科以外もやる気が出て……という子をいっぱい見てきました。大人が勝手にできない扱いをしちゃいけないよなと思います。

佐藤　今回の対談はそれぞれの方に〝鳥肌ポイント〟があるんですけど、今まさにそのポイントでした。

稲田　(笑)。

佐藤　結局何がわかってないのかをつぶさに測定・分析されていないという点で、ほとんどの人たちが正しい学力測定をなされないまま来ていますよね。それをやるのは学校では無理だし、塾でもかなり手間暇をかけて丁寧に見ない限りは難しい。atama＋でやる以外は。

稲田　そうですね。たくさん模試を受けまくるとかすれば別かもしれないですけど。

佐藤　この本は、リアルに待ったなしの人たちが主な読者になるでしょうから、実際のアクションにつながるといいなと思っています。その意味では、atama＋はとてもいいツールですよね。僕自身もやってみたいくらいです。

他にないですし。

稲田　ありがとうございます。

佐藤　仕事がうまくできない新入社員も、ＰＤＣＡを回しながら、苦手な部分を改善していけば、数年後にはすごいできる人になっていきますよね。でも、こと勉強に関してはわからない部分があっても、前の段階に戻ってやり直す時間がなかなか取れないですよね。だから、つまずきのおおもとを正確に洗い出してやり直せば理解できるというatama＋のコンセプトはもっと知られてほしいですね。

稲田　まだご存じない方にはぜひ知っていただきたいですね。

4分の3の中学生が、前学年以前の範囲を理解できてない

佐藤　創業して6年経って、さまざまなデータが集まっていると思います。「atama＋ EdTech 研究所」[※67]のサイトでは、そういったデータを使ってさまざまな興味深い分析がなされています。データというリアルな数字から見えてきたことで、意外だったことはありますか？

稲田　創業時、「子どもたちは一人ひとり違うはずであり、一人ひとりに合った教育を提供したい。そのほうがその子の基礎学力習得も効率化できるんじゃないか」という仮説を持っていました。実際、学校の勉強が簡単に感じられてもっと先取り学習したいという子もいれば、全然わからないという子もいて、全員に個別最適化させたかったんですね。今、相当な人数の生徒さんがatama＋で学習してくれていますので、データもたくさん集まっています。たとえば数学では、中学生の4人に3人が前の学年以前に習った範囲を理解できていないということがわかってきました。想定よりも多かったですね。

※67　atama＋の研究所。国内外のEdTech（テクノロジーで教育を変革する仕組みやサービスのこと）に関する動向やデータを、分析や取材を通して発表している。また、atama＋に集まる学習データを解析した、興味深いレポートも公開している。https://edtech-research.com/

中には小学校の範囲も含まれます。授業を4人に3人は理解していないのは大問題ですよね。逆に、小学生の5人に1人は、実学年より先の勉強をしているというデータもあります。そちらはそちらで、学校の授業を物足りなく感じている可能性が高い。合わせると、相当の人数の子どもが、今の一律な学び方にフィットしていないことになります。

佐藤　僕がatama＋EdTech研究所のデータを見てすごく思ったのが、こういうことを子どもと共有できるといいんだろうなということです。子どもにとっては、勉強は先の見えない道を歩いてる感じがあるんじゃないかと思うんです。でも、たとえば「この単元はつまずきやすい」みたいなことがアナウンスされていれば、「自分はできないんだ」と思い込むことを避けられるんじゃないかと思います。ぼんやりしていた勉強の全体像に補助線を引いてくれるようなデータですよね。

稲田　そうですね、そのへんを噛みくだいて子どもに説明するのは人の役割だと思います。モチベートしていくのは、AIより人のほうが得意なところなので。

佐藤　たとえば「高校数学では多くの生徒がここでつまずく」みたいなことも学習データからわかるんですよね。ギターでいったらFのコード[※68]みたいな。Fコードが難関だというのはギター弾きの間では共有されているので、「ここが難関だぞ」と心づもりしてのぞめます。そこで苦労したとしても、その手前のコードは押さえられるから一応ギターは弾けるよと思える。

稲田　そのあたりのデータはけっこう集まっているので、モチベートするのは人ではあるけれど、プロダクトの中でできることもあります。「ここ、全国のみんながつまずいてるよ。がんばろうね」というアナウンスを出してあげたいと思っています。これからやらないといけないところですね。

※68　ギターはコードを押さえる練習から始めるが、初心者にとって最初の難関といわれるのがFコード。人差し指で6本すべての弦を押さえ、中指、薬指、小指もそれぞれ違う弦を押さえなければならないため、非常に難しい。

テクノロジー慣れしていない大人

佐藤　AI学習に対して懐疑的な人もいるでしょうね。atama＋は学習歴やデータがログとして残って、しかも分析もできる。ログがあることと分析がなされることのすごさですよね。これまではやりようがなかったところですから。このすごさが理解できればまたちょっと見え方が変わってきそうな気もします。

稲田　子どもたちはAIという言葉になじみがあって、テクノロジー慣れしているんですよね。でも親が慣れていなくて、子どもがやりたいと言っても「AI学習なんて怪しい、いかがわしい」と止めてしまう。世の中けっこう変わっているのに、教育はみんな受けてきて持論があるせいか、親は昔自分が受けた教育をベースに子どもに押し付けがちになってしまうのかもしれません。好きな子に電話したいときは、僕の高校時代だと一生懸命、家電《いえでん》に電話していたんですよ。

佐藤　僕の時代もです（笑）。

稲田　そういうのを押し付けている感じに近いですね。好きな子がいたら、今ならLINEするのがふつうじゃないですか。「いや、LINEだと気持ちが伝わらないから、絶対家に電話したほうがいいよ」と親が言ったら変ですよね。

佐藤　atama＋でやっていることは、むしろより学びの本質に迫っている感じがしますけどね。この本は、そういう思い込みに対していろんな視点がありまっせと提示していきたいというのもあります。「教育はこうです！」と高らかに言うつもりは毛頭なくて、こんな考え方もあるんだねと読んでもらえたらいいなと思っています。

将来のためもあるけど、単純に楽しいから勉強する

佐藤　勉強がわかるようになると面白くなるわけですが、「そもそも何で勉強する

の?」というWhyが出てきます。もし稲田さんが子どもからそうたずねられたらどんな話をするか、ぜひ聞いてみたいのですが。

稲田　その子その子に合わせた答えがあると思います。僕らのプロダクトにもWhyの要素を入れていきたいですけど、やはり人が担保するところが大きいですかね。ひとつの方法として、「将来何やりたいの?」から逆算するところから始めるのは有効かもしれません。もちろんいきなり言語化は難しいので、漠然としたところから始めて言語化する手伝いを大人がする感じです。将来こういうことをやりたいということは、どんなことを勉強しておくといいのかな? だとしたら、大学(や専門学校)でこういう学科に行くと良さそうだね。そのためには、高校時代はこういうことをやっておいたほうが良さそうだね。じゃあ、中学では……というふうに逆算していって、その子に合わせたWhyを設定してあげるのがいいんじゃないかなと思います。

もちろんそれだけですべてのWhyには答えられません。「なんで日本史をやんなきゃいけないんですか?」と言われると、なかなか難しい。今の僕が昔の僕に言うなら「日本史をやっておかないと、世界に出ていったときにしんどいよ」という話はできるかもしれませんが。それに、将来から逆算してみないと勉強の面白さがわからないかというと、そうではないとも思っています。世の中では、なぜ勉強するかがわからないから勉強が面白くないんだと言われがちですけど、わからないことがわかるようになるって単純に楽しいんですよ。サイン・コサインがわからない面白くないと言っている子は、サイン・コサインをやったら何になるのかが見えていないからというのもありますけど、それ以上にその前段となる三角関数の基礎がわかっていないから理解できなくて面白くなくなっている可能性が大いにある。適切な勉強をしてわかる経験を積み重ねていけば、楽しいんじゃないかと思います。

将来のためじゃなく、楽しいからスマブラする
健康とかでなく、おいしいから野菜を食う

佐藤　気づいたんですけど、僕の質問自体がWhyを求めて勉強の〝くさみ〟を消そうとしてますね。たとえば、ゲームの「スマッシュブラザーズ」[※69]が面白いからやろうぜと子どもとやるときに、Whyを求めることはまずないですもんね。

稲田　そうですね。

佐藤　スマブラをやることに、将来役立つみたいな理由は求めない。稲田さんが勉強をそれと同じように捉えていることがいいなと思いました。実業家の堀江貴文さんが「ちゃんと野菜取ってるえらい！」というコメントに「野菜はおいしいから食べんの。ちゃんと野菜食ってりゃえらいって、お前が野菜が嫌いだったからそうなってんだよ」と返していたことがありましたけど、それと似ていますね。健康にいいから野菜を食べるんじゃなくて、おいしいから野菜を食べるというのは、本質をついているなと。

稲田　そうですね。勉強は「ただ楽しい」「なぜやるのか」の両方あると一番いい

※69　任天堂が発売した対戦型格闘ゲーム「大乱闘スマッシュブラザーズ」シリーズのこと。マリオ、カービィ、ポケットモンスターといった任天堂が過去に発売したゲームの人気キャラクターなどが出てくる。

ですよね。

佐藤　その解を得られたのはすごく大きいです。Whyには答えられるものと答えられないものがあると思っていたんですけど、いやおもろいからやってんだよというのは……いや、稲田さんはそこまでは言っていないですが、ストレートに勉強おもろいじゃんというのはすごくいいなと感じました。勉強はしなきゃいけないものという声が大きい中で、「おもろいから」という声はあまり聞かないですよね。やんなきゃいけないと言っている人も、入試があるからとか、仕組みがこうなっているからとか、結局はいい大学を出たほうがいいという話になりがちです。そういう話を聞いても、やる気は上がらないですよね。稲田さんの言葉はやる気が上がる言葉だし、atama＋で明らかになったデータはやる気が上がるデータだと思いました。自分がこの本を読むとしたら、確実に線を引きたくなるところです。

稲田　ああ、よかったです。面白さを見つけてくれるかどうかは子ども次第ではありますけど、少なくとも周りの大人が面白くない前提で話をしちゃいけないですよね。

勉強しない子にどう働きかける？

佐藤　これもお聞きしたかったんですが、たとえば全然勉強しない中1の子がいたとします。親としての稲田さんだったら、どんなアクションをされますか？

稲田　自分の子どもがまだ小さいので、あくまで想像になりますけど……。じっくりと振り返りをするんじゃないでしょうか。今何が楽しくて、何が嫌なのか。勉強が嫌だという状態はいろんな要素によって嫌いになっていると思うので、そこを分解していくイメージですね。本当は何が嫌なのかを理解しないと、向き合えないですし。とはいえ、問いを重ねるだけだとなかなか難しいと思うので、一緒に課題を整理していくところから付き合っていくんじゃないかなと思います。

佐藤　そのアプローチや考え方は、すごく新鮮に感じます。

稲田　そうですか？

佐藤　そういうとき、自分なら結局「勉強をすると何がいいんだっけ？」という話に終始してしまいそうな気がしていて。だから、「勉強が嫌」がどういう要素でかたちづくられているのか丁寧に解きほぐす手伝いをするというのは、なるほどと思いました。

大人もatama＋をやってみたい

佐藤　atama＋は基本的に塾や予備校でやる仕組みになっていますが、直営の塾のようなものは考えていないんですか？

稲田　今は、プロダクト開発をより磨いていくことを目的に、長野県で「THINX《シンクス》」※70

※70　https://www.thinx.info/

という自前の教室を3つ展開しています。atama＋を使って「AIと人のベストミックスをつくる」というコンセプトは変わりません。

佐藤　稲田さんのお話から、atama＋に興味を持つ人は多いと思います。たとえばですけど、大人も通うことはできるんですか？

稲田　入塾していただければ（笑）。

佐藤　さっきのお話にも関係しますが、勉強が嫌いなのはむしろ大人なんじゃないかと思います。親自身は勉強が好きじゃないのに「やらないといけないから」と子どもに手渡して、さらに思春期が入ってくるともう最悪で、親子関係にいろいろ影を落とすという気もして。たとえば、親はサッカーが上手くないとしてもすごく好きだったら、子どもにサッカーというものがポジティブに伝わりますよね。親もatama＋で学び直したら、勉強が好きになるんじゃないかとふと思いました。

稲田　サッカーの話でいくと、仮に子どもがサッカーをやりたいと言い出したときに、親は一緒にサッカーやらなくてもいいと思うんですよ。子どもがサッカーに夢中になっている姿を見たら、親は応援すると思うんです。サッカーにトラウマがあるとかではない限りは。それと同じで、子どもが勉強に興味を持ったときに、寄り添ってあげて否定しなければいいと思います。親がサッカーを死ぬほど嫌っていたら、子どももサッカーを選ぶ方向にはいきにくい。同じく親が勉強に否定的な思いを抱いていたら、子どもに伝わると思うんですよね。まずはそのバイアスを親が捨てて、仮に自分自身に嫌な思い出があったとしても、子どもが向き合っているのであれば応援してあげることからかな、という気がします。

佐藤　確かにそうですね。

稲田　子どもが夢中になっている姿は、心動かされるものがありますよね。atama＋でよくあるのが、AI学習やタブレットで何が行われているかわからないという親御さんの不安の声ですね。塾によっては、お子さんがやっている姿を親御さんに見学してもらうところもあります。実際に見ると、「うちの子がこんなに夢中になっているのを初めて見ました」とか、「部屋にこもって何をやっているのかわからなかったけど、こんな学習をしているんですね」と見方が変わります。ふつうに子どもがやっているところを横から見るだけでもいいかもしれません。

できない子はいない

稲田　根本的に、勉強は面白いものであって、できない子なんていないと思っています。何かがずれているだけなので、そこを直してあげるだけでいい。

佐藤　できない子はいないという言葉はともすると空想的に聞こえるかもしれませんが、稲田さんのお話を聞いて絵空事ではないとよくわかりました。

稲田　僕も、佐藤さんがいろんな人と話をされた上で、これからどういう子育てをしていくのか、めちゃくちゃ興味があります。この本を読んで、自分の子育ての参考にさせていただきたいなと思っています。

佐藤　長男はこの春小6で、まさに悩んでいるところのお話だったので、リアルに生かせる話を聞かせていただきました。

稲田　こちらこそ、楽しい時間でした。

（対談日　2023年3月7日）

対談を終えてメモしたこと

- 本来勉強できない子はいない。勉強ができない理由は、テストがよくないか勉強方法がよくないかの2つ
- 学んだものが大人になって直接生きなくても、そのときに身につけた思考は残っている
- 正しい学力測定と正しい勉強法で、勉強ができるようになる子は大勢いる
- 4分の3の中学生が、前の学年より前に習った範囲を理解できてない
- 「将来何をやりたいの?」から逆算していくとなぜ勉強するのかの答えが見えてくることもある
- 根本的に勉強は面白いもの。将来のためだけでなく、単純に楽しいから勉強する

家族そろって食事する。コミュニケーションを大事にする。ツペラツペラさんちの育児

tupera tupera　ツペラ ツペラ

亀山達矢と中川敦子によるユニット。絵本やイラストレーション、工作、ワークショップ、舞台美術、空間デザイン、アートディレクションなど、アートの分野で幅広く活動している。『しろくまのパンツ』（ブロンズ新社）、『パンダ銭湯』（絵本館）など著書多数。国内外での受賞も多い。武蔵野美術大学油絵学科版画専攻客員教授、大阪樟蔭女子大学客員教授、京都芸術大学こども芸術学科客員教授も務める。

ツペラツペラさんちの育児が気になる

佐藤　おふたりとは僕の妻を通して交流があります。tupera tupera さんの作品は、子育て層のインフラといってもいいくらい愛されていますよね。子どもの年齢的には、わが家の少し先の未来をいっているので、いろいろお話を聞いてみたかったんです。娘さんはこの春から高校生なんですね。入学おめでとうございます！

中川　ありがとうございます。初めて受験生の親を経験して、振り返るといろいろ思うこともありますが、新生活を娘なりに楽しんでいるようで良かったです。

佐藤　下のお子さんは今、何歳ですか？

中川　小学5年生になりました。

亀山　いつも、ねじさんの面白い試みを見てますよ。

中川　前からSNSではけっこう拝見していて、今回改めてホームページも見せていただいたんですけど、あふれるアイデアに圧倒されてしまいました。

亀山　こっちが、いろいろインタビューしたい感じだよね（笑）。

佐藤　おふたりはクリエイティブを仕事にしているご夫婦で、今回の対談のお相手としては、一番僕と近い感じかもしれないです。僕も妻も美大系で、ある種の偏りがある中で、同じようなクリエイティブ系の人たちが家でどんなことをやっているのかをすごく聞いてみたかったんです。僕の周りでは子どもを中学受験させる人が多くて悩みましたが、教育や進路のことはどんなふうにしてきたんですか？

中川　うちは、中学受験に関してはまったく考えなかったかな。小学生までの時間は特別だと思っていて、ただ単に公園を走り回るとか鉄棒にぶらさがるとか……子どもだからこそ無邪気に楽しめる遊びがたくさんあると思うんです。中学生からは、大人とそんなに変わらなくなってくるけど。放課後の時間、ガッツリ塾に通ってそういうのびのびした時間を過ごせないのは、なんか違うなあと思って。本人たちも望んでなかったし、そこに迷いはなかったです。

晩ごはんは家族みんなで食べたい

亀山　敦子（中川さん）は「宿題やりなさい！」とか、ふつうにガミガミ言う親ですよ。僕は、自分が子どもの頃言われて嫌だったことはあまり言わず、好きにやってくださいみたいな感覚があって、宿題とかも一緒に「嫌いだよね〜」って言ってます。塾もね、晩ごはんをとにかく子どもたちと一緒に食べたいので、中3まで行かせなかったくらいで。

中川　娘が中1の頃、塾に行かせてくれって頼んだら、「何言ってんだ、そんなの許さん！」って、亀（亀山さん）に怒られて（笑）。友だちにそのこと話したら、「逆じゃない？」ってびっくりされたみたい。

亀山　うん。「晩ごはんと塾と、どっちが大事なんだ！」って怒鳴った（笑）。でも、おいしいねって食べながら、今日一日どんな日だったかお互いに話して、家族で共有できる時間が本当に大事だと思ってるんです。

中川　でもまあ、単純に好きだよね。今日の晩ごはん食べながら、「明日の晩ごはん何にする？」とか聞いてくるから、今ある食事をちゃんと味わってからにしてよ！　って思う（笑）。

佐藤　晩ごはんが重要というのは面白いですね！　うちもボードゲーム重視派なので近いです。でも、外部のいろんな情報を入れるがゆえに、進む道に迷いが出るなということも感じていて……。そういうことがなければ、ブレずに進めるんじゃないかという思いもあって。

亀山　もう亡くなったんですが、大好きだったおじいちゃんが、僕たちの結婚式のときにスピーチしてくれたんです。「これから、夫婦仲良く生きていくためには、毎日できる限り一緒のごはんを食べていきなさい」って。確かに、食べることは生きる基本だし、それぞれが違うものを食べるより同じものを食べたほうが、できあがる細胞も近くなって、シンクロ率が上がる。だから、子どもたちともやっぱりご飯だけは一緒に食べたいという気持ちがあります。すぐに成長しちゃって、高校を卒業したら出て行く可能性もあるから、あと数年。あっという間です。

佐藤　なるほど。すごく面白いなぁ。

中川　でも受験を経て今振り返ると、中学に入ってから週1ぐらいは、塾に通わせてあげてもよかったよね。

亀山　まあ、それはあるけどね（笑）。

大河ドラマも必須

中川　コロナで外出できなくなったときは、家族だけで過ごす時間が増えましたよね。みんなどうやって楽しもうか工夫しながら過ごしてた。うちは毎日、UNO[※71]や卓球をやってたんです。家族だけのブームがあるのもけっこういいなと思ってて。もう必死で、時間がない日でも眠くても「とにかく、なにがなんでもやるぞ！」みたいな感じでやってたよね。

亀山　子どもたちが上で勉強やってても、「卓球やるから下りてこい」みたいな。それをやらないと今日が終われない感じなんです。

中川　みんなちょっと怪訝そうな顔をして集まって。きょうだいげんかが続いているときは、すごくぶーたれた顔をしてUNOを始めるんだけど、終わる頃には仲直りしてる。

※71　アメリカで考案され、1979年に発売されたカードゲーム。UNOとはスペイン語やイタリア語で「1」を意味する。

佐藤　うちはSwitchを子どもと日曜の夜に遊ぶのが定番だったんですけど、小5になってついに僕と遊んでくれなくなって。この前出た「星のカービィ Wiiデラックス」[※72]は、買ったままやってません。亀山さんは「いや、やるぞ」と思っていることは続けるわけですよね。

※72　任天堂が発売したアクションゲームシリーズの最新版。2023年2月24日にリリースされた。

亀山　そうですね。そこだけ、亭主関白。

中川　亀はそういうとこ、けっこうかたくなだよね〜。みんなでやると決めたことは譲らない。大河ドラマも毎週家族そろって観ています。別に今日ぐらい観なくてもいいじゃんと思うこともあるけれど、みんなしぶしぶ一緒に観ている。

佐藤　しぶしぶ観ていても、それはもうそういうものだからという感じですね。

亀山　決まり事があるのが今はより大切ですね。みんなでひとつのものを観ながら共感できますし。僕たちが住んでいるのは京都ですから、ある程度歴史に興味を持っていると、街を一緒に歩いているだけでも、いろいろな場面で共感できます。「あ！　長州藩邸跡だよ！」みたいな感じで。娘も歴史が好きでいてくれて嬉しいです。

中川　歴史をきわめるところまでではないけどね。

亀山　僕も含め、うちの人間はみんななんとなくいろいろ好きというタイプ。そのなんとなくをいっぱい、浅く共有している感じです。

時には親の「これがしたい」に付き合ってもらう

佐藤　家族そろって何かをやるというお話は単純に素敵な話ですけど、教育的にも良さそうですね。子どもとのコミュニケーションの量って、すごく大事だなと。

中川　もちろん、うまくいってないときもありますよ。

亀山　敦子は母親として、なんだかんだ僕より子ども優先なんですね。だから、それぞれの明日の予定とか学校のこととか考えながら生活してる。それでうまく成り立っているんです。でも、僕は少なくともいくつかは、4人がきちっと足並みそろえることを大事にしたいので、そこだけは僕も加わって「みんなでやってるよ」ってルーティンを大事にしたい。オスとしてというか。

中川　そう、ライオンのオスが群れを守るプライドみたいにね（笑）。

佐藤　そういう気持ちは恐らくどの親も持っているけど、「したいこと」よりも「しなきゃならないこと」で埋め尽くされてしまう。それをどうするかがテーマとしてあります。

中川　今の子どもたち……いや大人も、かな？　暇な時間を使うことが下手になっていますよね。与えられることに慣れてしまっているから、自分で考えて好きなことをやれと言ってもなかなか難しくて、時間を持て余してることも多い。SNSとか眺めていて、他の子どもが何かに熱中している姿を見ると、「すごいな〜、うちの子はYouTubeばっかり見てて大丈夫かしら」って心配になることもあります。こういう仕事をしてるので、私たちも傍からはそう見られているかもしれないけど……実際はそんな感じですよ。親として、特別なことは全然できてない。

佐藤　僕は自分も楽しみたいがベースにあって、僕自身の楽しみたいことと子どもの的にOKなことの〝交差点〟を探す感覚ですね。年に1〜2回ですが、学校を休んでもらって旅行したこともあります。最初は嫌がるんですけど、鳥取砂丘に行ったら、すごい感動してました。時には強引さも大事ですね。

子どもを見て自分の子ども時代を思い出す

亀山　どうやら子どもたちふたりとも、まあまあ学校が好きなんですよね。僕はこういう仕事をしているので、大正時代の自由教育運動[※73]のような歴史や初等教育、中等教育について調べて考えるのも好きで。今の学校教育に対して、個人的に思うところはいろいろあります。「自分がこういう環境で教育を受けてたら、どうなっただろうな」とか考えたり。でも、なんだかんだ言いながら、自分の子どもたちにそういう特別な教育を受けさせているわけではないし、家で子どもを見ていると、「僕もそうだったな。学校はイヤイヤ行きながらも、なんだかんだ楽しかったな」と思い出します。当時は今より暴力的なことも多かったし、ヤンキーもいっぱいいたけど。

佐藤　今もヤンキーはいるんですか？

亀山　いや、うちの周りにはヤンキーはいないですよ。

※73　大正新教育運動、大正自由教育運動ともいわれる。欧米で盛んになった新教育運動が日本に輸入され、1920～1930年代に起こった運動。大正デモクラシーともあいまって、画一的でない自由な教育を目指す運動。

中川　公立の学校で特別な教育ではないけれど、先生もそれぞれ一生懸命で、いい先生も多いよね。

亀山　息子は乗り物が全然好きじゃなくて、おばけや戦いごっこが好きというのも僕と一緒。ものづくりもそんなに熱中する感じじゃないけど、気分が乗ったらパッといいものをつくる。かなり自分と似てるなと思いながら、見ています。共感できることも多いし、しょうがない部分も見えてくるし、自分のときとは違うこともわかってくる。

佐藤　亀山さんは、これまでに各地でワークショップや講演をたくさんしていて、子どもを見てる数が半端ないですよね。

亀山　そうですね。各地で、いろんな子どもに会うわけです。短い時間じゃわからないことも多いけど、子どもたちのむき出しの個性が楽しめるのは、すごく贅沢でお得な環境で仕事をしているな〜と思います。さっきもラジオから、ピカソの名言が流れてきました。晩年に、「ようやく子どもみたいな絵が描けるようになった」って。子どもはやっぱり、みんなそれぞれ面白いな〜。

子どもは親の仕事に関心が薄い

亀山　今は自宅の2階がアトリエなので、基本的には、平日はふたりともずっと家で仕事をしています。自分たちで言うのもなんですけど、絵本をつくったり、いろんな人と関わりながらけっこう変化に富む面白い仕事をしていると思うんですよ。子どもたちは、学校から帰ってきて2階に上がればそういう仕事を見られる環境にあるわけです。でも、まったく関心がない。

佐藤　関心がない？

亀山　親がやってることだからかなぁ。用事があってアトリエに来るときも、机の上にある作品を見ることもなく、自分の話をしていくだけ。

佐藤　「この絵本どう？」とかないんですか。

亀山　たまに「これどう？」と聞くと、「ああ、いいんちゃう」って。でもね、遠くから温かく見守ってくれてる感はありますよ。父ちゃんたち、がんばってるね〜って。まあ俺らは日々楽しくつくってるし、そっちはそっちで楽しいんだからいいよね、という感覚はこっちもあるので、いいんだけど。

佐藤　どんなものをつくっていても、その構造になるんですね。tupera tupera さんのお宅ならさすがに子どもも、親の作品に夢中になってる、というイメージもありましたが（笑）。

中川　周りからはそう思われているかもしれないけど、子どもたちは、生まれたときからこういう暮らしが当たり前で、逆に刺激がないんじゃないかな。だからイベントなどに会いに来てくれた子どもたちが「tupera tupera さんに会えるのをずっと楽しみにしてました！」と目をキラキラさせて言ってくれたり、その日のために一生懸命描いたお手紙を渡してくれたりすると、数分でも私たちと会ったことが、今後この子の何かにつながるかもしれないと思って嬉しくなります。でもきっと、うちの子どもたちも、大きくなって振り返ったときには、自然に影響を受けてることとかあると思うし、あえて言わなくても、何かを感じ取ってくれているとは思う。

20本のセロハンテープから生み出されたキャラクター

佐藤　おふたりの節分は、すっかり有名になりましたよね。

亀山　僕が毎年やっている「本気鬼」[※74]のことですね。たまに初対面の人に「あ〜、鬼の人ですね」って言われます。鬼としても、けっこう有名になってきました（笑）。

佐藤　それ以外に、私生活で何かつくったりするんですか？

※74　2010年からtupera tuperaさんが始めた、本気で怖い鬼に扮する恒例家庭内イベント。「本気鬼」と呼ばれ、あまりの怖さに幼い子どもが泣き叫ぶ。

中川　行事のものでは、雛人形や五月人形をつくったりしていますが、家族みんなでつくっているのは、息子が始めたセロハンテープ。

亀山　小学校で消しゴムバトルが流行っているんですよね。指ではじいて机の上から消しゴムを落としあう。それを消しゴムではなく、セロハンテープをぐるぐる巻いてつくってるんです。

中川　学校に持っていったら、担任の先生に「セロハンテープがもったいない。テープは接着するものだか

節分鬼の扮装。目がコブのようにたくさんあるお面は2017年の、巨大な目のお面は2020年の作品

ら、そういうものに使っちゃダメだ」って言われたんですよ。それはナンセンスですよね。どんなものでも材料になるし、本来の用途ではない使い方を発見したら、ほめるべきだと思うんだけど。

亀山　だから、どんどん好きなものつくれって、セロハンテープを一気に20本くらい買ってあげました。それで息子も面白いものをたくさんつくったんですけど、僕も負けじとヒートアップして。けっこう自信作がたくさんあるんで、今持ってきますね。

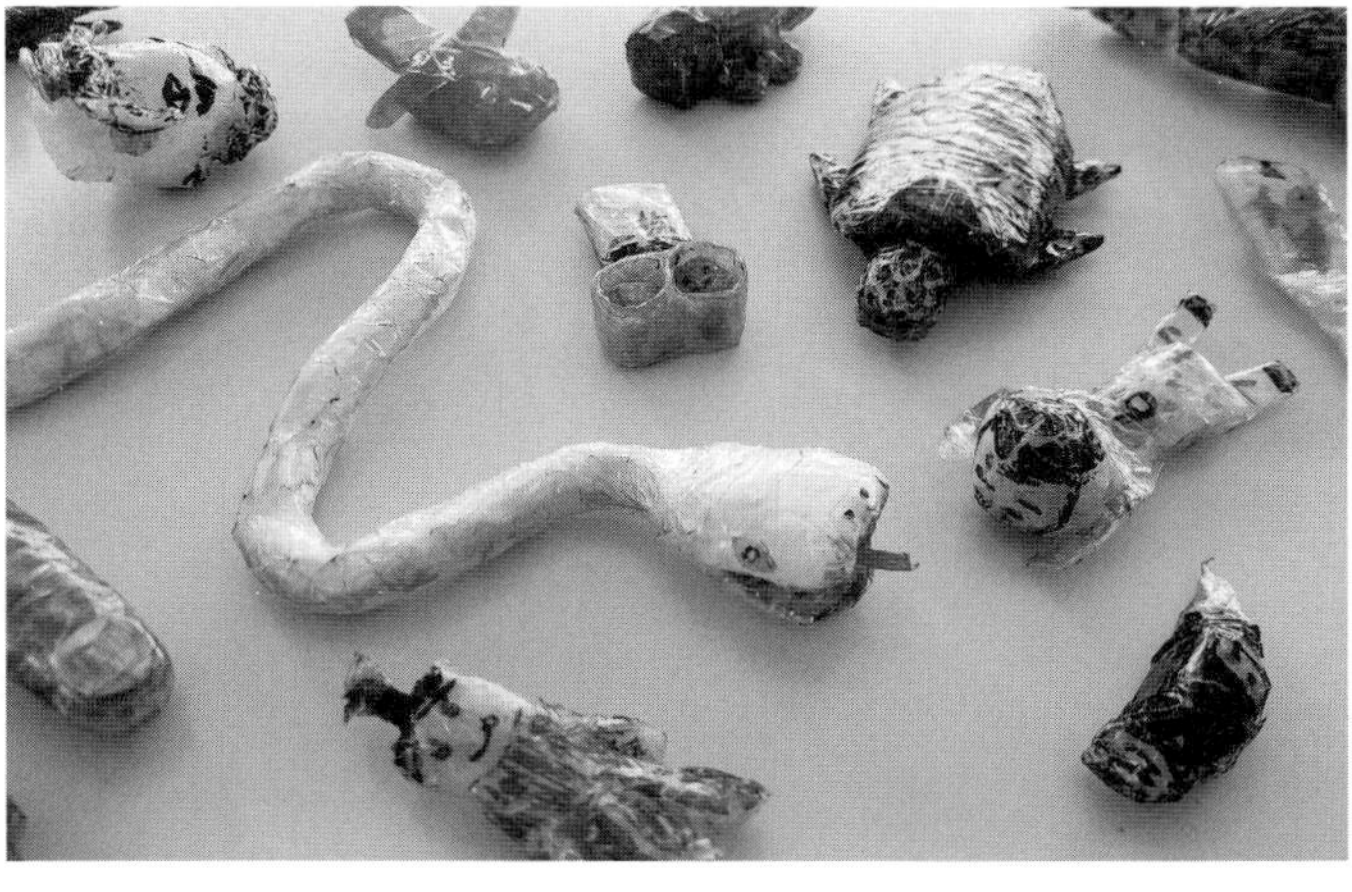

セロハンテープでつくった立体物いろいろ

佐藤　すごいな〜。

亀山　これは息子がつくったやつで、これは僕がつくった蛇。

中川　ティッシュを芯にしているのもあるね。これは鼻の穴で、鼻くそキャラが中に入ってる。

亀山　これは息子がつくった、ラグビー選手のリーチ マイケル[※75]。

佐藤　セロハンテープでこんなものがつくれるんですね。

亀山　僕がつくったウミガメもある。これで戦って、リーチ マイケルがウミガメを落としたりするわけです（笑）。

中川　みんながつくったいろんなキャラクターから、ひとり5つとか決めて選ん

※75　ニュージーランド出身のラグビー選手。2013年に日本に帰化。2014年から2021年まで日本代表のキャプテンを務めた。

で、戦うんですよ。ルールもいくつかあって。自分たちで考えてつくった遊びは、やっぱり面白い！　何度やっても飽きないですよ。

思春期はある日、突然抜ける

佐藤　長男が思春期に突入しているんですが、上のお子さんのときはどんな感じでした？

中川　うちもね、振り返ると小4、5くらいかな？　娘が小学校高学年のとき、第一思春期がありました。朝起きてきて、何にもないのに不機嫌な顔をしてる。受け答えも冷たい。これはちょっと思春期きたなと思って先輩ママに聞いたら、「そうそう。でもある日突然終わるから」と言われてそのまま見守っていたら、本当に「あ、抜けたな」という日がきました。

亀山　中学生で、もう一回思春期がくるかな？　と思ってたんですが、あんまりなくて。昨日も一緒に買い物に行って、手をつないで歩きましたよ。

佐藤　へえ、いいですね。思春期真っただ中のときは、食べ終わったらぱっと自分の部屋に行く感じでしたか？

亀山　思春期で機嫌が悪いからというんじゃないですが、最近そうなりましたね。自分の時間と空間をつくりたいでしょうからね。

親と違う生き方を模索したい

佐藤　お子さんのものづくりの話も出てきましたが、ものづくりに関してお子さんはおふたりの影響を受けていますか？

中川　どうかな〜。わからないですけど、近くにずっといるので、影響は受けてないとは言えないかもしれませんね。

亀山　レゴで、海賊船がつくれるようなか。豪華なセットがあるじゃないですか。息子は、誕生日でおもちゃ屋さんに行くとそういうの欲しがるんですけど、一回つくったら満足して、しばらく遊んでいるといつの間にかまったく違うものができあがっている。うちはレゴの上に油性ペンで描くのもOKにしてますよ。僕の子どもの頃はガンプラが流行っていたんですが、説明書通りつくるのがどうしても嫌いで、途中から違うものをつくってました。前に、IKEAで組み立て家具を買ったときも、何回やって

息子さんが油性ペンで描き込んだレゴ

もできなかったなぁ。影響を受けているのかDNAなのか？　息子は、やっぱり僕と似ている。

中川　お姉ちゃんのほうも、つくることは嫌いではないけど、アーティスト肌ではない感じがしています。アート系に進むとしたら、何かセレクトしたり組み合わせたりデザインしたりというほうが向いていそう。でも、親が予想した通りにはいかないでしょうね。中学から陸上に夢中になって、高校も陸上部が強いところに入りました。京都は駅伝も多いんですけど、必死に応援に行ったり。今一番一生懸命になっているのは陸上ですね。音楽は、ギターやウクレレを鳴らしてみたり、BTS[※76]や韓国も好きで、ダンスを踊ったり。メイクやおしゃれも好き。今時の女子高校生だよね。

亀山　息子はラグビーをやっていますよ。僕も水泳を0歳から高2までやっていて、子どもの頃はアート系に将来進むとは考えていなかったな～。

※76　世界的に活躍する韓国の男性アイドルグループ。

中川　京都は美術系の高校がすごく多いんです。高校からその道に進むこともできるけど、息子も行かないんじゃないかな。本人たちからすると、美術系は〝安パイ〟[※77]なのかな？

亀山　そんな簡単なもんじゃないけどね。

中川　もちろんそうなんだけど。両親を見ているから美術系の生き方はけっこう見えていて、違う生き方を模索したいんだろうなと思う。親としても、自分たちが通ってきた道については教えられることもあるけれど、もし違う方向に行きたい場合、ほとんどアドバイスできない。でも、親が教えられることなんて、ほんのわずかだとも思うな。

いろんな人間を味わってほしい

佐藤　親の影響で進路を決めた場合に、視野が狭くなるんじゃないか、もっといろ

※77　安全牌のこと。麻雀で捨てても相手が上がる恐れのない牌を指す。転じて、危険がなく扱いやすい事柄・人物、安全度の高い選択肢を指す。

いろ見たらという気持ちも出てきそうです。好きなものをやればいいじゃんと思っていますが、もし自分と近い道に進んだときに、それはそれで考えてしまうことがありそうで。そのあたりはどう考えますか。

亀山　いろいろな人間を味わうというか、見てほしい。僕は、高校がなかなか厳しめの男子校でドロップアウトしてしまって、18まであまり友だちもいなかったから、人の面白さを味わうために美大に行ったところがあります。活動を始めてからの20年間はずっと、日本中のいろんな場所に行って日々いろんな人に出会って、世の中は面白い人であふれていてすごく楽しいなと感じています。大人の面白い可能性とか、大人のバリエーションを子どもに見せるのは、僕は教育において重要な部分だと思っています。

中川　そうだね。いわゆる目立った職業や有名な人だけではなくて、世の中にはたくさんの職業があるし、仕事じゃないことに人生をかけてる人もいる。そういう人生のいろいろな可能性を、もっと実感できたら、勉強する意識も変わってくるはずなのに。

亀山　土地土地に魅力的な人はいっぱいいて、そういう人たちを小学生や中学生の間に見るのがとても重要。20代のフットワークが軽いときにいろんな人に会ってほしいかな。僕はその時間をムダにして3年間ニート的な生活だったので、もったいないことしたなという思いがあるんです。何の道に進もうがいいんですけど、人をきちんと味わえるような人間になってほしい。そのためにどこか行きたいというなら全然いいし、放浪の旅をしたいというのもアリ。

中川　そんなふうに偉そうに話しているけど……実際には、積極的にいろんな人に子どもを会わせに行ったりとか全然できてはいません。せっかく京都に住んでるのに、能や歌舞伎に触れさせたり、いろんな職人さんを見せたり、情報を集めて体験させたりしているかというと、そうではないよね。

亀山　家に帰ってきたら、知らないおじさんが楽しそうに打ち合わせしてたりはあるけどね。小さい頃から、仕事であちこち連れ回したこともあって、人見知りはしない。

中川　子どものためにと考えて、意識的にやっていることはあんまりないなぁ。自分たちの仕事以外では、友人の展覧会に一緒に行ったり、舞台を観に行ったり、私たちと一緒に経験していることが、自然と子どもに影響しているところはあると思うけれど、ちゃんとリサーチしたり計画して動いていることは少ない。親としては反省していますが、なかなか難しいです。

人との出会いが、人生を豊かにする

佐藤　これまでいろんな人と、子どもは勉強ばかりじゃなくて夢中になることがあるといいよねということを話してきましたが、それは「自分ひとりでの夢中の話」だったなと。今の話は誰かとワイワイしたり、「人の夢中に触れる」

というのがポイントですよね。うちは去年の夏休みに、会社見学しようということで僕の知り合いのアニメーターやエンジニアにお願いして職場を見せてもらったらすごく長男に影響があって、何かパカーンと開いているのを感じました。大人のバリエーションを見せるというのは、めちゃくちゃいいですね。おふたりのお子さんは、ちゃんとお会いしたことはまだないんですけど、お話を聞いているだけで魅力的な感じがしますよね。

亀山　「うちの子なんて……」と言う人も多いですけど、親バカながら、わが子はいい感じに育っているとは思いますよ。

中川　うん。特別なことはないし、将来どういう人間になるかなんてわからないけど、たぶん大丈夫だろうという感じはある。

亀山　僕らも、節目の出会いによって、明らかに人生が変わったと思います。先日、母校（武蔵野美術大学）の入学式の卒業生代表として「人はひとりでは生きられない。誰と出会うかで人生が変わり豊かになります。美大でそんな出会いをしてください」というような話をしてきました。人に出会うことで自分が知らなかった面がどんどん見えてくる。やっぱりそこに尽きますね。人を見る力、出会う力。

中川　でもそれは私たちの経験論で、内にこもって己との対話で見出していくタイプもいるのかも。

亀山　まあ、そうやな。

佐藤　人と出会うことで開けていくというのは、とてもわかります。今の話を聞いて、うちももっと出会いを増やす工夫を考えようと思いました！　いい話を聞いた！

目の前の人を掘り下げる

亀山　tupera tuperaの『しつもんブック100』[※78]という本があってですね、ちょっとご紹介したいと思います。スマートフォンは、遠くの人や会ったことがない人ともつながれるとても優秀なツールです。でもその分、目の前の人がおろそかになりますよね。だから目の前の人を、もっと掘り下げるツールとしてこんな本をつくりました。

中川　たとえば自分の親でも、好きな色とか好きな花とか、知らなかったりするじゃないですか。ずっと一緒にいる家族でも案外知らないことは多いし、あえてそれを聞くタイミングも

『しつもんブック100』(ネオテリック)は子どもから大人まで使えるコミュニケーションブック

※78　2019年にネオテリックから刊行された。スマホを模した装丁で、1ページに1問、合計100個の質問が書いてある。英語版もある。

ない。でも、この本があれば、それを聞けるんです。やってみましょうか？

佐藤　じゃあ、86ページの質問お願いします。

亀山　86ページですね。「君は力持ち？　力こぶ見せて」

佐藤　（袖をまくって力こぶを見せる）

中川・亀山　おおーっ！　いい腕してる（笑）。

亀山　これ、自分でも持ち歩いてるんです。イベントなどの打ち上げでは、みんなで必ず自己紹介をすることにしているのですが、いつもこの本を使っています。少し前ですが、図書館イベントの打ち上げで、とてもおとなしい女性が「みんなに内緒にしていることは？」という質問に、「スポーツ吹矢[※79]をやってます」って答えました。みんな意外な答えに驚いちゃって。「じゃあ、エア

※79　日本古来の吹矢をスポーツ競技にしたもの。腹式呼吸で肺機能を活性化する健康法として考案された。

吹矢を館長に向かってやってみて」と言ったら、その子が吹く真似をして館長が倒れたから大爆笑。

佐藤　（笑）。

亀山　そこから、「吹矢ってどうやってやるの？」「いつからやってんの？」と話が広がって。他の人とも質問をしあったりして、すごく盛り上がりました。一見、自分とは違うタイプだなと思って近づかないような人も、掘り下げてみたら、絶対面白いんですよ。

佐藤　「オリジナリティとは？」みたいなことが語られるときに、そもそも面白くない人はいないんじゃないかと思うんですよね。みんなあっさりした情報しか知らないだけで。

亀山　実際に会ってみないとわからないことって多いですよね。オンラインが増えて余計に、本当に浅いところでしか人を見ていないことがよくわかります。友だちをいっぱい増やさなきゃいけないわけじゃないし、どんな人でも好きにならなくてもいいんですけど、人を楽しめるということは、世の中において重要なことだと思う。

中川　自分とは違うけれど、それもいいね！　って、違いを認めることだよね。

佐藤　そうですね、結局大人になって出会う人でも、能力の高い低いとか、性格のいい悪いとも別で、その人の魅力はありますよね。

いいことを言おうとすると説教くさくなる

佐藤　今みたいな話をお子さんと話すことはあるんですか？

亀山　どうだろう？　あんまりないかなぁ。

中川　この間、偶然テーブルに置いてあったインタビュー記事を、暇だった息子が読んで、「父ちゃんとママはそんなこと考えてたんだ〜」ってニヤニヤ笑ってました。子どもを自分たちのイベントに連れて行くこともあるので、親が話していることを聞くともなしに聞いてはいる感じかな。娘は進路を考えていく時期になってきたので、その中で、親として今伝えるべき、気をつけなきゃいけないこととか大事にしたらいいんじゃないかということを話したりする機会は増えてきたかな。でも、あんまりちゃんと……。

亀山　いいことを言おうとするとなんとなく説教くさくなってしまうので、恥ずかしくなってくるよね。

中川　何度も聞いてるような話は、子どももつまらなそうに耐えて聞いてる感じになる（笑）。

亀山　「今の発言は、上から目線だろう」とわかっている感じなんです。偉そうなことを言うと、のちのち成長して、立場が逆転したときにものすごく恥ずかしい。僕の親はまったく偉そうにしてこなかったので。でも僕は今、自分の親には偉そうな態度を取っちゃうんですけどね。

佐藤　なんだかとてもお子さんへのリスペクトを感じますね。

中川　私もいろいろ考えて揺れることはありますが、根本的なところにはお互いリスペクトがありますね。だけど態度としては全然です。

3人限定で知らないことを教えてくれた古本屋

佐藤　今回はtupera tuperaさんらしい説得力ある言葉を聞けました。けっこう衝撃ですよね。晩ごはんの話も、大河ドラマのことも。「いい教育とは？」を真面目に考えすぎると、新しい学びや探究学習とか、英語やプログラミング覚えて……みたいな感じになりがち。

亀山　家の周りで、ここ素敵だなと思って見ていた物件は、よく塾か自転車屋か歯医者になるんですよ。でも塾が一番多い！　すべての国道を同じような看板で埋め尽くして日本の風景を壊し続けた、数多《あまた》の企業と同じように見えてしまって。

佐藤　それも受験の塾ばかりですよね。いろんな大人と出会える塾があればいいですね。

亀山　僕が中学のときに3年間通ってた塾があって、古本屋のおじさんが生徒を3人だけ集めて教えてくれていました。雑学なんですが、知らないことをいっぱい教えてくれた。ウッドストック※80について学びましょうとか、宗教について学びましょうとか。今振り返っても、自分の基礎をつくるいい経験になっていたと思います。

※80　ウッドストック・フェスティバルのこと。1969年8月にアメリカで開催され、約40万人を集めた伝説的野外コンサート。

これからの若い子は楽しみ

中川　最近の私の疑問は、うちの周りは公園が多いんですけど、小学生の子どもがどうしていないんだろうということ。春休みとか夏休みとか、約束してなくても公園に行けば誰かに会えるんじゃないと息子を送り出しても、誰ひとりいなかったと言って、よく帰ってくるんです。もう少し小さい子は親と一緒に遊んでいたりするんですが。たまたま会った同じ歳の子に、「いつも何してるの?」って聞いてみたら、習い事とか塾とか。

佐藤　うちはゲームの「フォートナイト」が〝公園〟になっていますね。フォートナイトやると、息子の友だちもプレイしてて、そこが遊び場になってます。

亀山　その感覚は自分が子どもだった頃にはないから、わかんないですね。オンライン上で結びついている感覚。

佐藤　そうなんですよ。今のZ世代[※81]はデジタルネイティブ[※82]といわれますが、もっと若い小学生世代は、メタバース[※83]が当たり前にある「メタネイティブ」だなと。

亀山　こういう環境で生きている子どもたちを心配する声もあるけど、今、若い人で面白い人がどんどん増えてきてる気がするんですよね。ねじさんのメンバーもみんな、80年代生まれですよね。

佐藤　おふたりと同じ京都にあるＴＡＮＳＡＮ[※84]という会社の人もいますよ。

亀山　そうなんですね！　何かの機会にお会いできたら嬉しいです。

中川　最近、一緒に仕事をしている相手も、30代前半とか若い人が増えていて、仕事の進め方とかやりとりとか、すごくスマートで、みんな本当に有能だよね。

亀山　僕らみたいに子どものときに大したデジタル機器もなかったような人間と

※81　1990年代中頃から2010年代初頭の間に生まれた世代を指す。生まれた時からインターネットが存在した人類史上初の世代。

※82　生まれたときからインターネットが身近にある世代のこと。

※83　コンピューターの中に構築された仮想空間のこと。

※84　タンサン株式会社。京都にある、日本では数少ないボードゲームの製作プロダクション。2009年創業。

違って、タブレットが当たり前で、あらゆる情報を取り入れている人たちがどんどん育って、面白い時代をつくっていってるのはいいなと日々感じてます。クリエイティブ業界以外も含めてね。野球の大谷翔平選手や将棋の藤井聡太棋士みたいな話ですよね。

中川　すごいことをやっているのに、がんばっている感を出さず、軽やかで楽しそう。

亀山　オンラインで結びついているみたいなのを、自分が知らないからと否定してしまうのは違うと思う。そんな世界で育った人たちがどうなるのかは、むしろ楽しみですよ。どうなるかわかんないですけどね。[※85]シンギュラリティがやってくるかもわからないけど。

佐藤　この対談で、シンギュラリティが出たのは初めてですよ。

※85　技術的特異点のこと。人間の脳と同レベルのAIが生まれる時点を示す言葉。

亀山　言ってみたかっただけです……（笑）。

ゲームのプレイには厳しい

佐藤　子どもとITということで、何かあったりします？

中川　私はわりと保守的で昭和なアナログ人間なので、まだちょっと怖い派かな。

亀山　敦子は一切ゲームをしてきてないからね。僕はゲームウオッチ[※86]から始まって、ファミコン[※86]はリアルタイムで買って、ゲームボーイ[※86]もやってハマりまくっていたけど、プレイステーションぐらいからかな。ファンタジー系のできすぎた絵があまり好きじゃないこともあって、離れてしまって。あまりにもきれいな画面だとやらされてる感が出てきちゃう。今、息子とSwitchとか一緒にやっても、全然ついていけない。佐藤家はやるの？

※86　いずれも任天堂のゲーム機。

佐藤　けっこうやりますね。なぜか僕は、ゲームのプレイには厳しくて、ゲームの中の粗相は怒っちゃいます。

亀山　ゲームで、怒らなきゃいけないような粗相がある？

佐藤　長男がまだ小1の頃、スーパーマリオのBダッシュができなくて、しょぼいジャンプして、落とし穴に落ちたりすると、なんだか怒っちゃう。「小1にもなってBダッシュできないのかー！」って。勉強ではそんなこと言ったことないのに。

中川　それはすごく新鮮だなぁ（笑）。

佐藤　今度、知恩院で「ミッドナイト念仏in御忌」[※87]というイベントがあって、知ってます？　一晩中お坊さんが念仏唱える、やばいレイヴみたいなイベントなんですよ。

※87　京都市にある知恩院で行われるイベント。浄土宗の開祖・法然上人の忌日法要である「御忌大会（ぎょきだいえ）」にあわせて、国宝三門楼上で夜通し木魚を打ち鳴らしながら「南無阿弥陀仏」が唱えられる。

亀山　面白そう！　京都も、もっと掘り下げないとダメだなあ。ねじさん、今度はリアルで会いましょう。

中川　ご家族で、ぜひ！

（対談日　２０２３年４月７日）

対談を終えてメモしたこと

- 小学生時代は特別。小学生じゃなきゃ遊べない遊びがたくさんある
- 子どもはあっという間に家を出てしまう。だからせめてそれまでは、晩ごはんを一緒に食べたり大河ドラマを一緒に観たりしたい
- 大人の面白い可能性とか、大人のバリエーションを見せることは重要

- いろんな人を味わって楽しんでほしい
- いいことを言おうとすると説教くさくなる

PART 3

夢中のこどもに聞いてみた（対話集）

「娘をリスペクトしてる」世界的ドラマーになる可能性がある子とアメリカ移住を決断した家族の話

YOYOKA よよか

ドラマー

2009年北海道生まれ。1歳からドラムを始め、4歳からライブ活動を開始。ドラムだけでなく、作詞作曲、ボーカル、ギター、ベース、ピアノも担当。2018年、世界的な女性ドラマーのコンテスト「Hit Like A Girl」の18歳以下の部にて、8歳でウイークリーチャンピオンとなる。国内外の名だたるミュージシャンとの共演を果たす。Newsweek日本版（2019年4月）「世界が尊敬する日本人100」、世界的なドラム関連サイト「ドラマーワールド」の「世界TOP500ドラマー」に史上最年少で選出。2022年9月に家族とともにアメリカへ移住。

アメリカに移住して、毎日びっくりすることばかり

佐藤　YOYOKAさんは幼い頃からドラマーとして活躍してこられて、世界を目指すために2022年からご家族と一緒に、北海道からアメリカに移住しました。今日はYOYOKAさんだけでなく、お父様の相馬章文さん（以下父と表記）と、お母様のりえさん（以下母と表記）にもご一緒していただいています。どうぞよろしくお願いします。

相馬家　こちらこそよろしくお願いします。

父　私たちは今、北カリフォルニアのオークランド[※88]という街でホームステイさせていただいています。移住してもうすぐ5か月経ちますが、いろんな手続きが想像を絶する大変さで、まだ終わっていません。ソーシャルセキュリティーナンバーを取得したり、銀行口座を開設したり、免許証を取ったり、携帯電話を契約したり、保険に入ったり、学校の手続きをしたり。

※88　アメリカのカリフォルニア州アラメダ郡の郡庁所在地。サンフランシスコ湾をはさんでサンフランシスコの対岸に位置する港湾都市。かつて日本人移民が渡った土地であり、アメリカの中でも人種的に多様な街といわれる。

佐藤　地味に大変なことが多いですね。

父　ロサンゼルスで家をずっと探しているんですが、家賃がとても高い上に、家の契約もアメリカでのさまざまな証明がないと難しい状況です。それでも最初のスタートとして友人たちのお力添えをいただきながら、オークランドでアメリカでの生活の地盤を固めることができていることはとてもありがたいです。

佐藤　YOYOKAさんは、アメリカでの生活はどうですか？

YOYOKA　10月からアート・スクールに通い始めて、最初の1週間はずっとびっくりしているような生活でした。日本だと即悪い子扱いされるようなことを、「それするんだ」の連続で。しかもそれを誰も処理しないんです。でも、互いにリスペクトしあう文化があるのはすごく好きで。みんなリスペクトが口癖みたいな感じです。今は、当初のびっくりがふつうになってしまいました。

親子の関係以外に、バンドメンバーでもある

佐藤　そもそものところからお伺いしたいんですが、YOYOKAさんは1歳からドラムをやっていますよね。

YOYOKA　そうですね。

父　もともと夫婦で音楽ユニットをやっていました。YOYOKAが生まれた後、田舎に引っ越して趣味で音楽スタジオをつくってドラムも家にありました。アマチュアなりに一生懸命練習していたら、1歳のYOYOKAがドラムで入ってきて。「あれ？　急にドラムの伴奏ついてきた」という感じで、じゃあバンドにするかと、5歳くらいのときに家族でバンドを組みました。[※89] バンドを始めたときは私がベースで妻がギターで、ドラマーYOYOKAの

※89　弟・しどうさん、母・りえさん、父・あきふみさんと一緒に家族で結成したバンド「かねあいよよか」のこと。YOYOKAさん5歳のときに結成した。CDリリースやライブなどの音楽活動を続けている。

ためにふたりとも初めてのパートをやることにして。初心者という意味で、みんな一緒のスタートラインでした。

母　その時点でYOYOKAのほうがうまかったよね。

父　親子の関係性と別に、バンドメンバーという軸があることによって、家族の関係が深まりました。歳は30くらい離れているけど、バンドメンバーとしては平等にいちメンバーとして話していました。しかも音楽で会話することで、

ドラムを叩き始めた頃のYOYOKAさん

まだあまりしゃべれなかった3、4歳の彼女の考えていることが伝わってくるんですね。

親子関係においても音楽をやったこと、あとは彼女がドラマーという独自のポジションを自分でつくったことが、とてもよかったです。家族全員がピアニストやドラマーというご家庭も、もちろん素晴らしいことなんですけど、やっぱり親と比べられる側面もあるだろうし、自分のアイデンティティを確立するのに迷いが出る可能性もあると思うんですよね。

佐藤　今回いろんな方とお話ししていてひとつ共通して感じているのが、「子どもを子ども扱いしない」ということです。年齢が離れているだけであって全員がヒューマンであるという感じがいいよねと、いろんな人と話していて思いました。お父さんお母さんに教えられる関係ではなくて、YOYOKAさんは対等ないちドラマーだったということですよね。

父　譜面も当時はまったく読めませんでしたし、先生に習うこともほとんどありませんでした。私たちはYOYOKAが4歳の頃からオリジナル曲をずっと一緒にやっているので、ドラムのフレーズも全部YOYOKAが自分で考えていました。教えられるのではなく、自分でアレンジをしたりグルーヴをつくったり意見を言ったり。そういうクリエイティブなところもYOYOKAはすごかったですね。

視野をどう広げていったか

佐藤　YOYOKAさんはドラム自体ももちろん素晴らしいんですけど、動画を見ていて僕が一番感動したのは、どんどん進化してドラムを軸に作曲やアーティストとしてやっていきたい気持ちとか、社会問題や貧困についても関心を持ったり、とても視野が広がっていることでした。ドラムを起点に興味が広がっていったのか、それとももともと興味の幅が広い子どもだったんですか？

父　本を読んでいたからかな。

YOYOKA　私は、勉強は苦手なんですけど、ものを知るとか調べるとかはすごく好きで。本を読むのもそうですし、昔から自分が興味を持つことは自分から取り組んでいました。趣味ややりたいことがころころ変わるのもあるかな。

ドラムに関しては始めた理由が自分ではわからないんです。昔はドラムが好きだという感覚はまったくなかったですね。ただ得意だったからという感じでした。でも最近はドラムを叩くことの中に楽しいと思うことが増えてきましたね。音楽はすごく好きで、いろんな音楽を聴いていました。ほぼ洋楽しか興味を示さない子でしたが。

佐藤　相馬家のみなさんそうなんですか？

YOYOKA　私はiTunesやYouTubeで聞いてピンと来るのが洋楽ばかりで。母とは聞いてかっこいいと思う音楽が似ていますね。母と父はどっちもロックンロールな人で、特にお母さんはそうだね。

父　妻はミクスチャー[※90]寄りですね。私はハードロック[※91]。共通して好きな曲もたくさんあります。当時TSUTAYA[※92]のオンラインレンタルがあって。

佐藤　CDが自宅に届くやつですか？

父　月4枚のプランを契約していて、毎月必ずアルバム4枚は借りる。だからかなりの数を聴いていました。今回の渡米でCDはすべて手放してきましたが。
そういえば2歳くらいのとき、ゆず[※93]にハマっていたよね。1年もないくらいの間かな。ゆずしか聴きたくないって時期があって、私たちゆずのCDを1枚しか持っていなかったので全部買ったんですよ。全部聴いて、ゆずのライブも行って。私が肩車して2時間半、ライブを楽しんでいました。

YOYOKA　その後はほとんど邦楽を聞かなくなりました。

※90　ミクスチャー・ロックといわれるロックの1ジャンル。ラップ、ヒップホップなどをミックスしたロックの意味合いの和製英語。

※91　ロックの1ジャンル。重厚でひずんだエレキギターサウンドが特徴とされる。

※92　CDやDVDのレンタルサービス「TSUTAYA DISCAS」のこと。自宅まで届けてくれ、郵便ポスト投函で返却できる。

※93　1996年結成の男性ふたりのフォークデュオ。「夏色」「少年」「栄光の架橋」などのヒット曲がある。

佐藤　ＹＯＹＯＫＡさんが音楽にハマったときに、アルバムを全部買ってライブに行ってとどっぷり浸らせるというのは、参考になるポイントですね。

地方でもできることはある

佐藤　相馬家のみなさんは北海道出身ですよね。地方からいきなり海外に挑戦するのも、ひとつ希望だなと思いました。

父　私たち、住む場所は北海道から出たことないんですよ。11月から3月までは雪で閉ざされて、ホワイトアウトで視界がゼロになって、ひどい日は買い物にも行けないようなところなんです。そういう場所から発信したものが世界に届いて道が開かれたんですよね。東京にいたらドラムはやっていなかったと思いますしね。実は札幌から石狩に引っ越したんですよ。４年くらい物件を探して、周りが３６０度小麦畑の家に引っ越して、いつでも気兼ねなく音楽ができる環境にしました。

佐藤　そのお話を聞いたら、田舎だからと言い訳できないですよね。

父　もちろん、どこまで環境がつくれるかは取り組むジャンルにもよると思うんですけどね。

親がおすすめすると引くけど、親が熱中するものはやりたがる

佐藤　もうひとつ聞きたかったのが、わが家でいうとアートの面白さを子どもにも伝えようと展覧会とか連れて行ったら、逆にアート好きじゃないってなっちゃって。親が

石狩市時代の家。一室をスタジオのようにして思いきり音楽できる環境を実現していた

おすすめすると子どもが引くときってありますよね。相馬家では、音楽で「本当はこのへんをもっと聴いてほしい」というのはあるんですか？

父　今のお話はよくわかりますね。遅れて良さがわかることもあります。たとえばレディオヘッド※94は夫婦で好きなバンドなのですが、ＹＯＹＯＫＡは最初、暗くて怖いと言っていました。

ＹＯＹＯＫＡ　そうそうそう。

父　今はトップ２に入るくらい好きなバンドです。

佐藤　へえ！

父　レイジ・アゲインスト・ザ・マシーン※95もね。

※94　１９９２年にメジャーデビューした世界的に有名なイギリスのロックバンド。ポップス、パンク、ロック、電子音楽、ジャズなどさまざまな音楽を取り込み、実験的な作品をつくり続けている。

※95　アメリカのロックバンド。独特なサウンドが人気を博す。音楽活動だけでなく政治活動も行っている。

母　私はYOYOKAが赤ちゃんの頃からレイジのCDをかけながら家事をしていたんです。私がもともとライブでダイブ[※96]やモッシュをしていたような人なので。でも、YOYOKAはまったく興味ないという感じで、琴線に触れないんだなと思っていました。

YOYOKA　10歳くらいかな？　iTunesで見つけてきて「あれ？　かっこいい！」と思って母に「このバンドかっこいい」と言ったら、「昔よく聴かせていたけど、そのときは全然興味を示さなかったのにね」って言われてびっくり。親が好きでやっていることに子どもは興味を持つじゃないですか。押し付けるのではなくただ親がやっていれば、興味を持ってくれるのではないかなと思っているのですが。

父　親が熱中することは子どもも一緒にやりたがるよね。でも、自分がレコメンドするものを聴いてみてっていう、種まきは必要かなと思います。YOYOKAがまだお腹の中にいるとき、[※97]マイケル・ジャクソンとプリンスばっかり

※96　ロックコンサートでおしくらまんじゅうのように密集した観客席で、観客同士が体をぶつけあうのがモッシュ。密集した観客の上に飛び込むのがダイブ。

※97　両名ともアメリカのシンガーソングライターで、1980年代を代表するスーパースター。マイケル・ジャクソンは「キング・オブ・ポップ」の異名がある。

聴いていたんですよ。

YOYOKA　そうしたら私は、ゆずは別として、3歳までそのふたりのアーティストばかり聴いていました。お風呂上がりに曲を聴きながら裸で踊ったりしてました。

父　6歳くらいまでは良質なインプットが必要だと思っていました。MP3[※98]のような圧縮音源は聴かせない。できる限り、生演奏かハイレゾ[※99]音源をちゃんとしたスピーカーで聴かせる。インプットはなるべくトップレベルのものに触れさせるのが、彼女のアウトプットにつながるんじゃないかと考えていました。自分の音楽を構築していくときに、それまでに入っているものが重要だと思うんです。音楽だけじゃなくて、絵本を毎日夫婦で読んでいたのも役立っていたかもしれない。私たちはお金もない、才能もない、環境もあんまりない。だから、人類の叡智が集まっている図書館へ行く。さらに今はネットで世界中の音楽を聴くことができます。もちろん生が一番なので北海道にすご

※98　音響データを圧縮する技術のひとつ。音声のデジタル化で重宝され広く普及している。人間の耳では聞こえない周波数を削ることで圧縮しており、音質の劣化は少ないとされるが、音の広がりや奥行に欠けるという評価もある。

※99　High-Resolution Audioの略。CDや圧縮音源よりも情報量が多く、原音に近いとされる高音質音源。

いアーティストが来たらなるべく生で見ることもしていました。

子どもをリスペクトする

佐藤　すごいですね。自分たちでできることで本質的なことをやってきたという感じですね。

父　私たちは娘のことを人として尊敬しています。ドラムができるからではなく、考え方とか人間性とか、素晴らしいんですよね。アメリカに移住する決断も、彼女の思いがあったからです。親はお金どうしようとか、現実的なことで迷うじゃないですか。決断するまでは、半年くらい眠れないほど悩み続けました。でも彼女はバシッと自信満々に「大丈夫だ」と言うんです。彼女が言うことは今までほとんど間違っていないと私は思っていて、彼女が見ている世界や価値判断を信じていいんじゃないかというところで決断しました。

佐藤　子どもをリスペクトするっていうのは、すごくいいですね。親って経験値が30年分くらいあるから、基本子どもに対して上から目線になってしまいます。「私がすべてをわかっているから」みたいなところで接するところがあるような気がするんですけど。子どもをリスペクトする視点で接してみると、親子関係がいろいろ変わるかもしれないと思いました。

YOYOKAさんはこれまでいろんな大人にほめられまくっていると思うんですけど、それについてはどう感じていますか？

YOYOKA　私は「天才」とか「少女」とかつけられるのがすごく嫌で。「ドラマーでよくない？」と思ってしまうんですよね。昔はしょうがないかなと思っていたんですよ。でもアメリカに来てまで挑戦するということは、ドラムの技術だけで闘うのだから、余計な言葉はつけないでほしいなという気持ちはあります。ほめられることに関しては、すごくありがたいのですが、昔から求めていないですね。まったくと言ってもいいくらい。私の音楽を聴いて元気になったとか、心を救われたとか、そう言ってもらえるほうが嬉しいですね。

ほめられる必要はなかった

母　私は真逆の人間で、中学生くらいまで大人にほめられたくて生きていたんですよ。それだけのために生きていて、自分が何をやりたいかとかわからず生きていました。それで大人になったとき、すごくもったいない幼少期を過ごしてしまったなと。初めて子どもを授かってどういう心構えで育てたらいいんだろうと思ったときに、私のほめられたいという欲求がすごく邪魔だと気づいたんですね。大人にほめられたいという欲望がない子に育てたい、自分が興味のあることや欲していることに自分の時間を使ってほしいと思いました。

YOYOKA　私がほめられたり認められたりすることに興味がないのは、親から愛されているということがあります。誰がどう言っても、自分のメンタルは強くて自分のカンは確実だと思っている。親もそれに同意してくれて、異論があるときは言ってくれる。自分の活動を一番応援してくれる人で、そしてとにかく愛されていることを感じていたので。だから、ほめられる必要がなかったんです。

父　安心感があるということかな？

YOYOKA　そう。親さえいれば自分は安心できるし、何を言われてもどうでもいいなというところはありますね。

佐藤　直接そういう言葉を聞けると、なるほどと思いますね。

父　私はいわゆる優等生的で、成績が良ければほめられるし認められるという論理で動いていたかな。私も妻も家庭環境があんまり良くなかったので、子育てにおいても夫婦ですごく話し合ってトライ・アンド・エラーしましたね。自分たちがされて嫌だったことはもちろんしないし、とにかく子どもに向き合って、何に興味を示すかとか、これからの時代に何が大事なのかとか。そもそもこんな世の中に生んでも不幸になるんじゃないか、私たちが親になっても子どもを苦しめちゃうんじゃないかと悩んだこともあります。私たち夫婦は不完全で平凡で、飛び抜けた才能もお金もスキルもない。今思うと、不完全な親だったからよかった部分もあるし、それを自覚して謙虚になれたことが、子育てにはよかったのかなと思います。簡単に親を超えないでくれと思う親もいると思うんですよ。うちの場合は、3、4歳で超えられてしまったので、どんどん超えて行ってほしい。彼女が私たちに新たな学びや新たな景色を見せてくれた感じです。

アメリカへ来るしかなかった

佐藤　相馬家のアメリカ移住への道筋を聞いて、なるほどと思うことがたくさんあるんですが、とはいえ本当に思い切った決断ですよね。

父　まさかアメリカに移住するとは想像もしていませんでした。「子どもに乗っかって」と批判してくる方も多いんですね。でも、北海道の片田舎にいる凡人のところに、世界的なドラマーになれる可能性がある子がなぜか生まれてしまった。そんな子どもを授かった以上、世界で闘っていくためにはこの歳からアメリカで勝負するしかなかったんです。18歳くらいだとどのミュージシャンも成熟しているんですよ。ローティーンのうちに世界のトップで揉まれて、絶望したり切磋琢磨したりしながら才能を伸ばしているんですよね。だから私たちは無理してでも、来るしかなかった。

お金の面では、支援金や財団を調べても18歳以上が対象で、クラシックに限定しているところがほとんど。私は札幌市の公務員で14年間働いても手取りで25万円くらいだったので、このまま働き続けていてもアメリカで挑戦す

アメリカ移住後の相馬家。大変なことも家族で乗り越えている

る娘の家賃すら払うことが難しい。だから公務員をやめてチャレンジするしかなかったんです。才能のある子を世界に送り出すのに、こんなにリスクを負わないといけないことに驚きましたね。それにひとりで行かせるのではなく、家族でサポートすることの大事さも証明したいというのもあります。

佐藤　そこはほんと大事ですよね。

夢中を見つけた子の、その先の話が少ない

佐藤　日本でも海外に行ったほうがいいという子がいると思うんですね。YOYOKAさんから、そういう人にメッセージはありますか？

YOYOKA　興味があれば来たほうがいいと思います。自分に合うかどうかは来てみないとわからないので、まず来てみるのはすごく大切です。あと海外に来てよかったのは、言語や文化が違っても結局同じ人間なので、何か通じる

ところはあるとわかったこと。でも違いもたくさんある。特にアメリカはいろんな人がいて、貧富の差もさまざまなスキルの差も日本では考えられないほど大きい。アメリカは大きな国だし未知の世界だからすごいことばかりだろうと思っていたんですが、ひどいこともあるし、みんな楽器が上手いわけではない。日本のほうがいいなと思うこともあります。それを自分で感じてみればいいと思います。感じたことは自分の今後にも生きてくるので。私は、今は来てよかったと思っています。

佐藤　育児関連の本で、探究学習やSTEAM教育[※100]も大事とか、やりたいことをどう見つけるかという話はたくさんあるんですが、その先の話は少ないですよね。小学生ですでに何かに没頭している子がいたとき、親はどうすべきか、どんな手段があるのか。僕がYOYOKAさんの親だったら、わからなくて、何もできずに普通に過ごしてしまいそう。

父　何をやりたいか見つけるノウハウはいろんなところに散らばっていますけ

※100　科学・技術・工学・芸術・数学の5つの領域を、理系と文系の垣根なく学び、自ら課題を発見して解決していく力を育む教育。2000年代に入ってから提唱され始めた。

ど、その先の話があんまりないかもしれないですね。

佐藤　「恵まれてるね」で終わってしまうというか。

父　けっこう孤独ですよ。今までやってきたような華々しい共演[※101]も、本当にひとつひとつ大変でしたし。リアルな話でいうと、それでお金をもらっていることはほぼありません。YOYOKAの音楽活動で大きな収入になったこともほぼありません。今まだロサンゼルスに住めていないのは資金面の問題も大きいので、本当に苦しいです。でもそれもチャレンジですね。YouTubeチャンネル[※102]も登録者数が22万人いますが……。

YOYOKA　カバー動画は著作権的な問題で収益は入ってこないんです。YouTubeでの収入はほとんどないんです。

※101　2019年、シンディ・ローパーの日本ツアーでゲストドラマーとして共演した。他にも、「サマーソニック東京」「日比谷音楽祭」などの音楽イベント、「MUSIC FAIR」「題名のない音楽会」などの音楽番組に出演し、有名ミュージシャンと共演している。

※102　公式YouTubeチャンネル「YOYOKAよよか」。チャンネル登録者数は22・4万人(2023年4月現在)。幼い頃のドラムプレイも含め、500本以上の動画が見られる。

海外移住、実際どうよ？

佐藤　お聞きしたかったのが、本当に細かいことなんですけど、トイレが汚いとか清潔さについては海外だと僕も感じることがあるんですが、慣れていくものなんですか？

YOYOKA　慣れてきますね。学校の校舎はあまり清潔ではなくて、日本ではある掃除の時間がないし、みんなもきれいにしようという感覚にもならないみたいで。今は汚かったらトイレットペーパーでふくとか、自分が使う間だけでもきれいにするようにしています。

父　日本はよかったなと思うこともあります。食べ物とか。

YOYOKA　お風呂も！

父　こっちに来て湯船に1回も浸かってないよね。

佐藤　アメリカに移住している知り合いは、みんなお風呂のことは言いますね。

父　YOYOKAは、周りのことをあまり気にしなくなったという話もしていました。いろんな人がいて違いすぎるから、比べることをしない。どんな髪型でもどんな服装でも気にしない。

YOYOKA　その人はその人、私は私。何が起こっても、自分のせいだし、自分のおかげ。周りからの感じ方も自分で変えないといけない自己責任の世界なので、けっこう大変だとは思いますね。日本だと察してくれるところが、こっちではわからせなきゃいけない。大変でもあるし、そこがいいところでもあります。多様性ってメリットとデメリットが半々なんだなと思いましたね。

佐藤　体感した人の言葉ですね。

母　信じられないことが起きるよね。でっかい洗濯機が高速道路の手前のすごく交通量の多いところに捨てられていたりとか。日本だと絶対にありえないようなことがたくさんあるよね。

YOYOKA　今日なんて、最後のクラスルームのゴミ箱が倒されて全部ゴミが出ているのに、みんな無関心でゴミを踏んでしゃべっていて、先生も何もしない。

父　路上で、裸で歌っている人もいっぱいいいますね。風景の一部です。

母　もしこちらに来るんだったら、ぜひホームステイをしていただきたいです。ステイ先は、アメリカで生まれ育った人がいる家庭がおすすめです。旅行でもホームステイしないと、海外に来たとは言えないんじゃないかと思っています。

父　ホテルとかだと、アメリカ人の日常がわからないよね。

日本人だからチャレンジできる

YOYOKA　自分の出身国として、日本は素晴らしい国だと思いますね。逆に出身国がアメリカだと本当に大変だと思います。

父　日本人はマインド的に挑戦が苦手な気がするけど、状況としてはチャレンジしやすいはずなんですよ。最悪戻ることになっても、働けば何とかなります。たとえば母国がメキシコだとしたら、戻ったら暮らしていけない地域もあるかも。治安が悪すぎて、命の危険がある国もありますよね。

母　日本は居心地がいいから、外に出る必要を感じないのかもしれない。

佐藤　うちも海外移住する可能性だってあるので、とても参考になります。あとこの本は、大人が買って子どもに手渡すこともあると思うんですよね。YOYOKAさんと同世代の、やりたいことや好きなことがある人にヒントになるようなことを伝えるとしたら、どうでしょうか。

YOYOKA　好きなことや興味のあることは、ほとんどの人は変わっていくと思うんですよね。その中で一番を見つけるのはすごく難しい。結局自分が何をしたいかは、私もわからなくて困っているくらいで。すごく勝手な答えかもしれないんですけど、そのとき好きなことをやればいいと思っています。無理矢理続けようとせず、好きなときに好きなことをする。それを自分の得意や仕事にしたい、伸ばしていきたいと思うのであれば、本場に行く。リアルに良さを感じることで学べることは多いと思います。

いい子育てをしようとするんじゃなくて、悪い子育てはしないと考える

YOYOKA　最後にひとつだけ言ってもいいかな？　私が11歳のときに、「いい人になろうとするんじゃなくて、悪い人には絶対ならないと考えていれば、知らないうちにいい人になっているんじゃないかな」と思ったことがありま

す。いい人になろうとするのではなくて悪い人にならないというのが大事かなと自分は思っていて、それを子育てに当てはめると、「悪い子育てはしない」ということになります。いい子に育てようと思うといろいろ考えてしまいますよね。悪い子育てをしてしまうほうが良くないので、そっちを前提に考えたほうがいいんじゃないかなと思います。

佐藤　プロ野球の故・野村克也監督が、「勝負で勝つときに、勝つための方法はない。勝つのは運だ。ただ負ける理由はたくさんある。負けないためのことをした上で、勝つかどうかは運である」という趣旨の言葉を残しています。その言葉を彷彿とさせますね。

父　子育てのことは、話そうと思ったらいくらでも話せます。続きはto be continuedということで。

YOYOKA　楽しかったです。

佐藤　今日はいっぱいヒントをいただいて、ありがとうございました！

（対談日　２０２３年１月27日）

対談を終えてメモしたこと

- 親子の関係以外に、いろんな関係があるといい（バンドメンバーなど）
- 子どもを子ども扱いせず、リスペクトする大切さ
- 愛されていることに疑いがない安心感があれば、承認や賞賛は必要でなくなる
- 子どもの夢中はさらにどっぷり浸れるようにサポートする
- 明らかに才能がある子どものロールモデル、支援はまだまだ少ない
- 日本が母国だから思い切って海外に出てチャレンジできる
- いい育児をしようとせず、悪い育児はしないと考える

小3から高3まで続けた自学ノートがたくさんの世界／面白い大人たちと出会うツールになった

梅田明日佳　うめだ・あすか

大学生

2002年、福岡県北九州市生まれ。小学校3年生から、自分の興味関心のあるテーマで独自の「自学ノート」をつくり続けた。北九州市が主催する「子どもノンフィクション文学賞」への応募を続け、「ぼくんちは寺子屋です」で小学生の部大賞、「ぼくのあしあと　総集編」で中学生の部大賞を受賞する。2019年、NHKスペシャル「ボクの自学ノート～7年間の小さな大冒険～」が話題に。著書は『ぼくの「自学ノート」』（小学館）。現在、読売新聞で「梅田明日佳の読書ノート」を連載している。

小学生からハマり続けた「自学ノート」

佐藤　梅田さんは、小学校3年生から独自に「自学ノート」をつくり続けています。アンテナに引っかかった新聞記事の感想、資料館や展覧会のレポートなど、そのとき興味を持ったことを自分で調べてノートにまとめたものですね。地元の北九州市が主催して、ノンフィクションライターの最相葉月さんや、マルチタレントのリリー・フランキーさんなどが審査員をつとめるコンクール「子どもノンフィクション文学賞」では大賞もとっています。ＮＨＫ[※103]のドキュメンタリー番組にもなりました。今大学2年生ですが、自学ノートは続けているんですか？

梅田　高校卒業のところでストップしています。学校の勉強が忙しくて、高校1年の秋にはすでに危機的な状態でした。それでもテレビ取材のことはなんとかまとめないと、と思っていたら、今度は本の出版のお話をいただいて。本の原稿に取り組んでいた高校2年の3月から高校3年の5月までの3か月間、

※103　2019年に放送された「ＮＨＫスペシャル　ボクの自学ノート　～7年間の小さな大冒険～」。2018年に梅田さんが大賞を受賞した「子どもノンフィクション文学賞」の応募作「ぼくのあしあと総集編」をもとに描いている。

コロナで休校になったので、そのときに一度追いつきました。小倉に歌舞伎の平成中村座※104が来たとき取材していたものもこの休校期間にまとめました。

佐藤　表紙、めっちゃいいですね。どうやってつくっているんですか？デザインはパソコンでやっているんですか？

梅田　これは平成中村座小倉城公演の筋《すじ》書《がき》の表紙をコピーしたものです。その上に「北九州市ふるさとかるた」の取り札のコピーと自分で撮

「子どもノンフィクション文学賞」表彰式でのリリー・フランキーさんと小6の梅田さん。リリーさんとの交流は今も続く

※104　2000年に十八世中村勘三郎らが始めた歌舞伎公演。当初は、江戸時代の芝居小屋のような仮設劇場での上演が話題となった。

影した写真を貼っています。自学ノートづくりは基本アナログです。手に取った人が安心して読めるように、仕上げに図書館の本に貼っているブッカーというカバーをかけています。

佐藤　その発想はなかったな。表紙がそんなふうにしっかりしていると、テンション上がりますよね。

大学生になってハマる場所を見つけた
文学部の勉強は自学ノートそのもの

佐藤　今回の本は小学生の親御さんにた

平成中村座の公演を観てつくった自学ノート。すべて手作りだ

ぶん一番読まれると思うんですが、小学生から自学ノートを夢中になってつくり続けた少年が大学生くらいになったときにどんなふうになっているのかは、とても興味深いかなと思います。

梅田　大学に入ってから気づいたことがあります。大学の勉強、というか文学部の勉強というのは、自学ノートそのものです。見聞きしたものに対して自分の考えたことを論じるというスタンスが自学ノートと同じなんです。僕がこれまで自学ノートでしてきた遊びが大学では勉強として扱われると知ったときは驚きました。

佐藤　あぁ、それは素敵な話ですね！　小学生からずっと自学ノートにハマってきたけど、今は大学にハマっているんですね。

梅田　はい、ものすごく楽しいです。こんな夢みたいな空間があるのかという感じで。文学部は他の学部に比べて自由な時間をいっぱいもらっている学部だと思います。その時間にどれだけインプットし、思考し、記録するかも自由です。

佐藤　大学の文学部が自学ノートそのものだったというのに近い体験は、僕もあります。僕はもともとアイデアを考えて何かつくることに楽しさを感じる子どもで、でも大学までは本当に好きなものの話をクラスメイトとはなかなかできませんでした。周りに合わせて会話することが多かったです。美大に入って同じような志向の人たちに囲まれると、コミュニケーションが全然違ってきて。それから就職した会社ではまた話が合わなくなり辛かったのですが、転職して面白法人カヤックという会社に入ってからは、めちゃくちゃ話が合う人たちがいっぱいいて、すごく楽しくて一気に開けた感じがありました。そういうハマる場所、ハマる環境はやっぱりあるんですね。いい大学を選びましたね。

梅田　大学は高校までとは別世界です。好きなことをやっている自分は変わらないのに、それが遊びから勉強に変わってしまった。もうひとつ気づいたのは、大学に入るまでの勉強は学びのスタートラインに立つための準備運動だったんだなということです。義務教育や高校の勉強は難しいけれど、人生を楽しいものにするために必要なものだと思うんです。

佐藤　いい話ですね。合う環境に出会えば、今まで楽しくなかったことが、一気に変わることはある。自分が悪いんじゃなくて、ただその環境と合ってないだけなんですよね。いま小学校や中学校生活が合わなくて困っている人にとっても、梅田さんの話は勇気がもらえますね。

人と出会っていくことの大切さ

佐藤　北九州市立大学[※105]に通っていますけど、県外や東京の大学は考えなかったんですか？

梅田　家から通えるところがよかったんです。北九州市でお世話になっている方々

※105　福岡県北九州市にある、1946年創立の公立大学。現在は5学部ある。

との交流を続けたかったというのも大きな理由のひとつです。

佐藤　いろんな文化施設[※106]や博物館の人と交流がありますもんね。

梅田　家から歩いて行ける場所に文化施設がいくつもあって、僕はそこで楽しく過ごしてきました。大学では知り合いの学芸員さんから講義を受ける機会もあり、理解がさらに深まる楽しさもあります。

佐藤　そういう視点で大学を選んだのはとても面白いなぁ。

梅田　北九州市には、子どもの僕が行ってみたいと思う場所がいっぱいありました。そこで自学ノートを介して生まれた出会いをまとめた作文が「子どもノンフィクション文学賞」で大賞を受賞したのですが、それをテレビのディレクターさんに「これ面白いよ」と紹介してくださったのも文化施設の方でした。

※106　「北九州市立中央図書館」および「勝山こどもと母のとしょかん（現・北九州市立子ども図書館）」「旧北九州イノベーションギャラリー（KIGS）」「安川電機みらい館」「北九州市立文学館」「北九州市立松本清張記念館」「松永文庫」「北九州市漫画ミュージアム」など。

佐藤　梅田さんを見ていると、つくづく「人と出会うことの大切さ」を感じるなぁ。北九州市という場所で、いろんな施設があって、そういう人たちとの出会いが、すごく大きな影響を与えていますよね。うちももっと、子どもたちが外部の大人と出会う場をつくってもいいなぁと思いました。

自学ノートが、人と出会うためのコミュニケーションツールに

佐藤　梅田さんは、自学ノートを媒介にして人とつながっていますね。ノートをつくって終わりではなく。自学ノートが出会うためのコミュニケーションツールになっていて、結果的に小学生の頃からいろんな大人とつながった。さらに、学校でも家庭でもない第3の場所、サードプレイスにもなっていますよね。

梅田　『西日本文化』[※107]という冊子にエッセイを書かせていただいたんですけど、テーマが「フィールドワーク[※108]としての自学ノート」で。僕がやってきたことは

※107　一般財団法人西日本文化協会が年4回発行している地域文化誌。西日本の地域文化や歴史を紹介している。

※108　学術研究するときに、現地に行き、調査対象を直接観察したり、聞き取り調査をしたり、史料・資料などの採取を行ったりする調査技法のこと。

フィールドワークだったのかと、目からウロコでした。

佐藤　多くの人がデジタルを便利に感じていて、人と出会うときもデジタルに頼りがちになっているんですが、リアルにノートを持参して相手と話すというのと、Twitterやメールでやりとりするのとではだいぶ距離感が違いますよね。やろうと思えばできるけど、やらない人がすごく多いタイプのアクションだと思います。

梅田　スタートが小学生のときだったというのが大きいです。

佐藤　テレビで、梅田さんはシャイかと思ったらめちゃくちゃ押しが強いとみなさんに言われていましたよね。飛び込んでいけるというのはとても大事な資質だと思いました。一歩が踏み出せない人はたくさんいますから。子どもの頃からやっていたからできたという感じなんですか？

梅田　オドオドはしていたと思うんです。だけど、せっかく書いたんだから読んでいただきたいという気持ちが強かったんです。僕がアクティブだったわけじゃなくて、持って行った先のみなさんが親切だったので成り立っていたと思います。

佐藤　自学ノートは、まとめられる側からするとめちゃくちゃ嬉しいと思いますよ。僕も仕事でいろんなものを発信するので想像できますが、公共施設も新聞も、多くの利用者や読者はいるけれど、案外生の声が届くことは多くないかもしれません。

梅田　ありがたいことに、そう言っていただいたことは何度かあります。

佐藤　つれない対応をされたことはなかったんですか？

梅田　一度もありません。ですが新聞の取材を受けたとき、記者さんに「うらやましい」と言われたことがあります。大学時代、個人的につくったレポートを先生に受け取ってもらえなかったことがあると話してくださいました。それを聞いて、読んでもらえるのは当たり前ではなくありがたいことなんだとわかりました。

高校までの勉強はチュートリアル

佐藤　梅田さんの話を聞いていて、ゲームのチュートリアルが思い浮かびました。チュートリアルというのは入門書とか操作解説のことで、たとえばファミコン時代の「スーパーマリオ」だったら、1－1面はゲームでありながら同時に遊び方を教えてくれるチュートリアルになっています。ゲームもチュートリアルも面白くできている。これを学びに置き換えると、学ぶことは面白いことであるはずなのにそう思われないということは、チュートリアルが悪いんじゃないか。高校までの勉強が準備運動だとしたらいわばチュートリアルであり、そこが面白いと感じられるようにできていないんだろうなと。

うちは長男が小5で、算数や数学がわかるとゲームのプログラミングとかにつながっていくんだという話をすると、興味を持つんですね。そんなふうに、高校の段階までではチュートリアルの向こう側の話をもっと教えられるといいなと思いました。

梅田　高校までの勉強は大事なんですが、次の学校へ行くための対策みたいな感じになっています。カリキュラムを終えることに重点が置かれているのは仕方のないことですが、今の努力が楽しさにどうつながるかがわかっていれば、がんばりが利くのではと思います。

佐藤　自学ノートのように自分で興味持ったことを調べたり書いたりするのは、勉強そのものでもあり、遊びそのものでもあるじゃないですか。自学ノートは、ある種勉強の楽しい部分を先取りしてやっている感じがしますね。

梅田　そうだと思います。ノートを書いていた10年間はまったく気づいていませんでしたが。

佐藤　梅田さん自身、こうしなさいと決められたことよりも、自分で興味持ってやるほうが好きですか？

梅田　課題も新しいことを知るきっかけになるので、嫌ではありません。興味の幅は周りからの刺激でどんどん広がります。

自学ノート以外でハマってきたものは？

佐藤　興味の幅が広い梅田さんがこれまでハマってきたものを聞きたいですね。部屋を見る限りでは、プラモデルや軍艦とかがお好きですよね。

梅田　プラモデルは6歳の頃からずっと好きです。最近は忙しくてつくれていないんですが、買い続けています。中3までは父の社会人ロックバンドでギターを担当していました。

佐藤　そうだ、ギター少年でしたね。あと、時計も好きでしたよね。

梅田　幼稚園の頃はものすごく好きで、今でも街中で時計店があったらのぞいてみたくなります。「めがねのヨシダ」[※109]に行ったのも、新聞で珍しい時計の展示があると知ったのがきっかけでした。見学した後お礼の手紙を出したら返事が来て、それが宿題として書いた自学ノートをお店の人に見てもらいたいという気持ちにつながりました。

あと、なぜ太平洋戦争が起こったのかということには、ずっと関心があります。旧小倉市（現北九州市）は2発目の原爆の投下第1目標でした。投下目標物が目視で確認できなかったため、直前に長崎へと変更されたことを北九州市の小学生は平和学習で必ず教わります。戦争は絶対反対なのに、軍艦や戦闘機に興味があることとの矛盾に悩んだ時期もありました。

※109　北九州市門司区にある、めがね、時計、宝石を扱う「株式会社ヨシダ」のこと。明治18年創業。4代目・吉田清春社長が珍しい時計をコレクションしており、梅田さんが小3のときに無料展示を見に行った。

梅田さんが集中できる机と空間

佐藤　梅田さんの部屋のレイアウトにも関心があります。番組などで見る限り、とても集中できそうな感じを受けたんですよね。梅田さんにとってはどうですか？

梅田　佐藤さんにとっては残念な話になるかもしれませんが、テレビ取材や本の撮影のときは、事前にめちゃくちゃがんばって片付けました。いつもは読みかけの本や新聞スクラップが散らばって、かなり悲惨な状態です。学習机で勉強す

自学ノートを制作している座卓と座ったまま手が届く本棚

ることもほぼなくて、部屋の真ん中に置いてある座卓で読んだり書いたりしています。

佐藤　そんな話も聞きたかったです(笑)。

梅田　座卓は床に新聞など大きなものを置いて作業できるので便利です。そしてよく使う辞書や歴史資料は、本棚の座ったまま手の届く場所に置いてあります。集中が途切れない工夫です。

佐藤　作業する環境やデスクがどうなっているか、モノをどう置いているかはいろんなことに影響すると思います。わが家も子ども部屋をどうしようかというのが今、課題で。

梅田　僕がいる部屋は、個室ではなくて家族共用です。食事もここでします。ただ僕のものがたくさんあるという。

佐藤　人によりますけど、完全にパーソナルなスペースよりも、他にも人がいるカフェのような空間のほうがかえって集中できるという話もありますよね。梅田さん的にはどうですか？

梅田　僕は、人の気配があったほうが落ちつきます。というよりずっとこのスタイルなので考えたことがなかったんですが、言われてみたらそうなのかもしれないという感じです。

アンチ「将来の夢」

佐藤　梅田さんの資料を見ていたら、大学に合格した時点では、将来の職業として新聞記者や研究者が出てきていました。

梅田　正直にいうと、何になりたいかが固定したことはこれまで一度もありません。新聞記者、研究者、学芸員にも、佐藤さんのように自分の好きなものを開発する仕事にも憧れます。だけど多分、これまでがそうだったように、いただいたご縁で目の前に現れた「面白いこと」に取り組んでいたらおじいさんになっていた、という人生になるのではと思っています。

佐藤　梅田さんは恐らく、「将来どうしたい？」という質問を死ぬほどたくさん受けていますよね。僕は、何歳から何歳が「将来」なんだ？　という疑問があるんですよ。学芸員も新聞記者もデザイナーも、別に職業をひとつに絞らなくていいと思うし。僕はこれまで仕事ばかりであまり遊んでこなかったので、40歳からの10年はたくさん遊ぼうと思って、最近ダーツ、ビリヤード、ゴルフなどいろんな遊びの練習をしています。もしかしたらこれからビリヤードの仕事をすることもあるかもしれない。梅田さんも将来どうするかは、複数のことをしたって全然いいですよね。ちなみに、今も絵を描いていますか？　梅田さんは絵もすごくいいので。

梅田　ありがとうございます。今は頼まれたときには描く、という感じです。

佐藤　興味の幅が広い人だから、どれも捨てないでいいと思うんですよね。もし絵で1円でもお金をもらうことがあれば、それはもうイラストレーターという仕事になる。今の時代、職業はもっと多面的なものじゃないかと思っています。研究者だけど絵がめっちゃ上手いとか、そういう組み合わせがすごく面白い。いろんな目標とかやりたいことが、どこかで点と点がつながるように結びつくこともありうるので。

新宿駅で、ガムテープ[※110]で案内表示をつくるガードマンがいるんですけど、我流でつくった文字が素晴らしいと注目を集めたんですね。本を出したり、映画の題字に採用されたりしたんですけど、あくまでガードマンのおじさんで。そんなふうに、梅田さんが自学ノートでつちかったスキルが、思いもかけないかたちで広がることもあるかもしれません。

梅田　いろいろできる人って、本当にすごいと思います。イラストレーターの和田誠[※111]さんは映画監督に文筆業に……あまりの多才ぶりにイラストレーターと紹介するのってどうなんだ、という感じがするほどです。かっこいいですよね。

※110　JR新宿駅で警備員として働いていた佐藤修悦さんが、通行人の道案内のために独自に考案した。ガムテープとカッターを使ってつくりだされた独特の書体は「修悦体」と名付けられ、話題に。映画の題字にも採用された。

※111　グラフィックデザイナー、イラストレーター。1977年から2017年まで『週刊文春』の表紙イラストを担当した。映画監督、テレビドラマ演出なども手掛けた多才なクリエイター。著書は約400冊。2019年没。

あんなふうに生きられたら素敵だと思います。

佐藤　今日は梅田さんからいろいろなヒントをいただきました。九州にいる大学2年生の梅田さんと東京にいるプランナーの僕がこうしてつながったのも、梅田さんが自学ノートをつくっていたからです。本当に人と会っていくことは、大事ですね。僕もアタックしていこう。

梅田　記念にスクリーンショットを撮ってもいいですか？

佐藤　どうぞどうぞ！

梅田　（カシャッ）。ありがとうございます。

（対談日　2023年2月14日）

対談を終えてメモしたこと

●遊びのつもりで楽しんでいたことが、場所が変われば勉強として扱われる
●大学に入るまでの勉強は、勉強のスタートラインに立つための準備運動。準備運動の先にもっと面白いことがあった
●自分に合う環境に出会えれば、一気に変わる可能性がある
●いろんな人と出会うことが、その子に大きな影響を与える
●自学ノートのように「人と出会うためのツール」を持つこともポイント

あとがき

この本は、もともと「小1起業家」がきっかけで、子どものビジネスについて学べるような本をつくりたいとお話があったことから始まりました。でも僕は広く経営について語れるわけじゃないし、お金の専門家でもないし、子どもたちがビジネスを学ぶべきかどうかも、どっちでもいいと思ってます。

そして、教育や学びに関する本を出すことも憂鬱でした。僕自身、そういう育児本があまり好きではなく、さらに僕の家庭が良い子育てをしているかどうかは微妙だし、そういう教育論は偉い人に任せたいと思っていました。

だから、小1起業家がバズったことで、いろんな出版社さんから書籍化の話をもらいましたが、お断りしてきました。

でも結局この本を出したのは、いろんな人にインタビューする形式になったことが大きいです。僕たち家族だけの偏った意見で「正解はこうです」と出すのは良くないけれど、複数の面白い人たちの話をまとめて、「こんな考え方もあるけど、どう？」という本ならありだなと。それは僕も読んでみたいと思いました。

結果的に本書を通じて、たくさんのヒントを得ました。

宝槻さんからは「夢中のきっかけプレゼン」は何度でもトライすればいいことと、サードプレイスについて学びました。苫野さんからは、子どもたちはいつでも変われる「可塑性」という言葉をいただきました。

鳥羽さんからは、親には「可能性を担保したい」という心理があることを教わりました。勉強ルート以外でも、子どもが「大丈夫」と思える何かを持てば可能性の担保は成立するんだなと。また、稲田さんからは「勉強はふつうに面白いものだ」という本質的な気づきを得ました。

ツペラさんからは、人間力の視点を学びました。確かに論理的なことばっかりで子育てを考えてると、肝心なことを見落としそうです。ツペラさんたち自身すごく魅力的なご夫婦で、ものすごい説得力がありました。

ＹＯＹＯＫＡさん、梅田さんからは、実際に夢中になった子たちの、その向こう側の話が聞けて、すごく視野が広がりました。

うちには現在、小６と４歳の子がいます。ふたりが今後どうなっていくのかは、わからないけど、この本で得たことを、フル活用していきたいと思います。

２０２３年５月10日
佐藤ねじ

佐藤ねじ　プランナー／クリエイティブディレクター

1982年生まれ。2016年ブルーパドルを設立。

WEB・アプリ・商品やお店などの企画とデザインを行う。

主な仕事に「ボードゲームホテル」「アルトタスカル」

「隠れ節目祝い by よなよなエール」「佐久市リモート市役所」

「小1起業家」「劣化するWEB」など。

こどもの夢中を推したい

小中学生の遊び・学び・未来を考える7つの対談集

2023年6月30日　初版第1刷発行

著者　佐藤ねじ

発行人　佐々木大輔

発行　freee出版（freee株式会社）
〒141-0031　東京都品川区西五反田2-8-1
五反田ファーストビル9F
TEL 090-1516-4540

発売　日販アイ・ピー・エス株式会社
〒113-0034　東京都文京区湯島1-3-4
TEL 03-5802-1859

プロデュース　内沼晋太郎（NUMABOOKS）
岩見俊介（freee出版）

印刷・製本　株式会社 広済堂ネクスト

ISBN978-4-910653-06-8　C0037

スモールビジネスの翼になる。

「スモールビジネスを、世界の主役に。」をミッションに掲げ、統合型経営プラットフォームを提供している freee 株式会社が発足した出版レーベル。それが、freee 出版です。

起業やビジネスを育てていくことを、もっと魅力的で気軽な行為に。
個人事業や中小企業などのスモールビジネスに携わるすべての人が、じぶんらしく自信をもって経営できるように。

freee 出版は、書籍やイベントを通じてスモールビジネスの経営に関するナレッジを探求・発信し、だれもが自由に自然体で経営できる環境をつくっていきます。

スモールビジネスがイノベーションの起爆剤となり、社会をさらに多様でオモシロク、世の中全体をより良くする流れを後押ししていきます。

freee 出版

こんにちは。ぼくは佐藤ねじの息子です。ちなみに小学6年生です。ぼくはお父さんに勧められて「小一起業家」としてコーヒー屋をやっていたことがあり、その他にもお父さんから色々なことを教わってきました。なのでここでは「子供視点」で教わって良かったことを書きます。ただ、個人的な感想であることと、字がきたないことだけは考慮しておいてもらえるといいと思います。

まず1つ目はタイピングとGoogle検索のしかたを教わったことです。タイピングができればコンピューターに文字を打てるようになるし、さらにGoogle検索ができれば知りたいことをだいたい調べれるようになるので、ぼくみたいな好奇心が湧きやすい人にとってはすごく助かります。

そして2つ目はプログラミングの思考を覚えたことです。プログラミングの思考は明確に持ってて良かったくってことはあまりないですが、頭がこんがらがってしまった時とかには順序を整理しやすくなっている気がするので、覚えて良かったと思っています。

この2つは特に良かったと思っているスキルですが、実際役に立っているかは分かりません。とはいえ覚えた事は必ずいつかは生きると思っているので、しっかり自分や誰かのために生かせるようにしていきたいです。